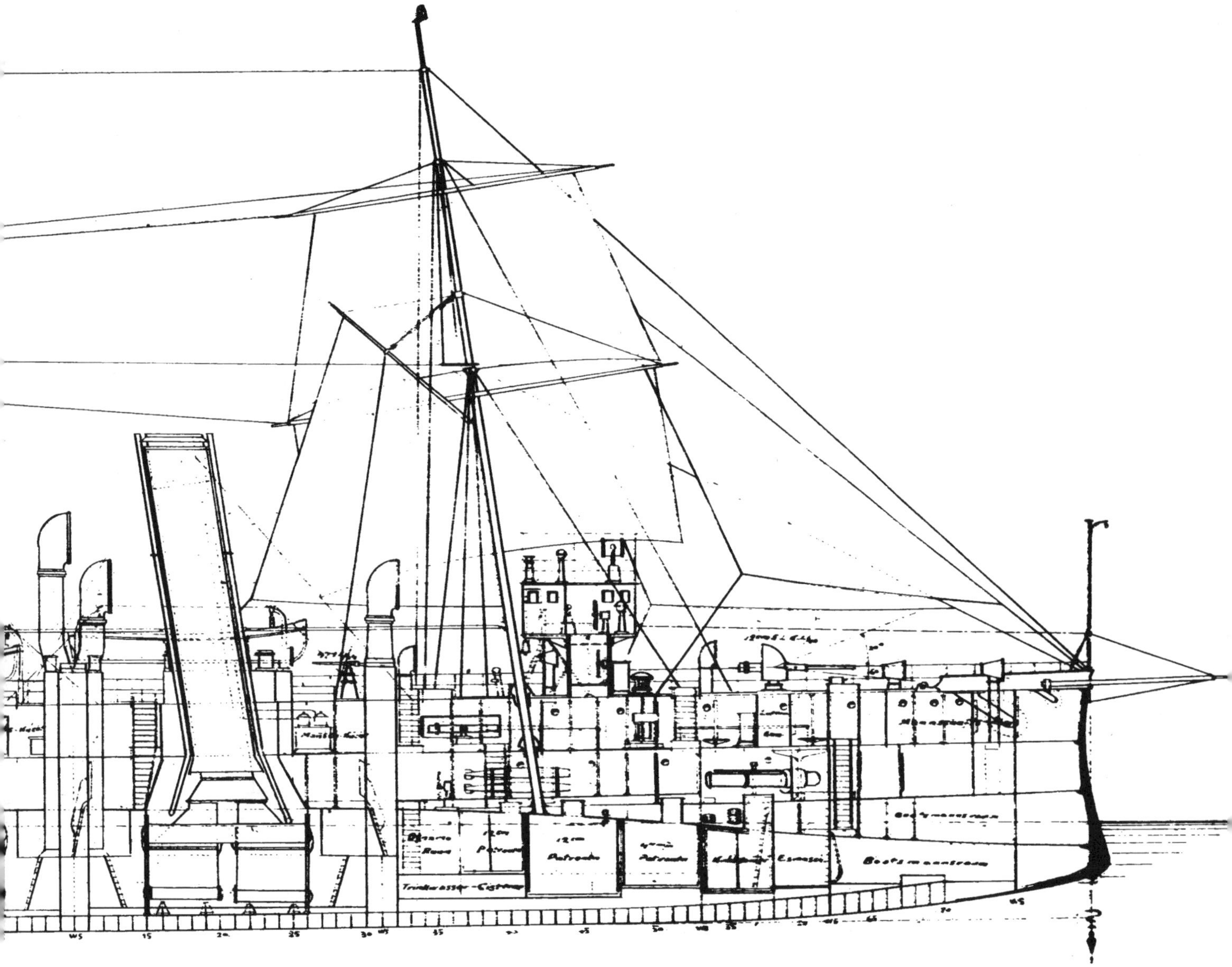

Mit S. M. S. Zenta in China

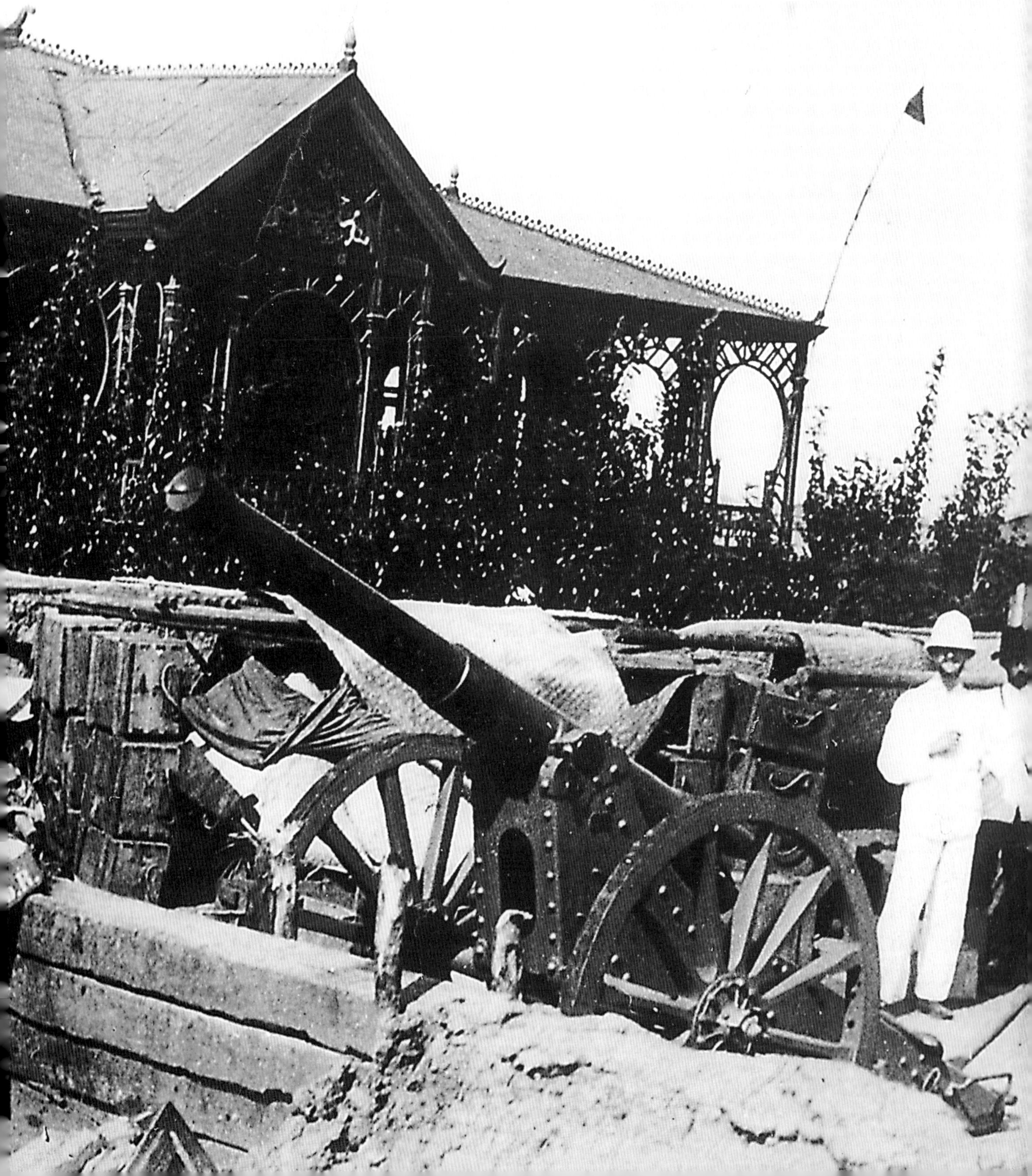

Claudia Ham / M. Christian Ortner (Hg.)

Mit S. M. S. Zenta in China

„Mich hatte auch diesmal der Tod nicht gewollt ...“

Aus dem Tagebuch eines k. u. k. Matrosen während des Boxeraufstands

Verlag Österreich
Wien 2000
Mittler
Heeresgeschichtliches Museum im Arsenal

Diese Publikation wurde mit freundlicher Unterstützung des Heeresgeschichtlichen Museums Wien hergestellt.

Hinweis:
Die k.u.k. Marinesprache unterschied sich wesentlich von der reichsdeutschen. Es hieß Kontreadmiral und nicht Konteradmiral, und das Geschlecht des Namens übertrug sich auf das Schiff.

Abbildungen auf den vorhergehenden Seiten und im Nachsatz:

Umschlag: Alexander Kircher, S. M. S. *Zenta*, Öl auf Leinwand (Heeresgeschichtliches Museum)
Umschlag hinten: Boxerkleidung (Heeresgeschichtliches Museum)
Vorsatz: S. M. S. *Zenta*, Schnittzeichnung (Österreichisches Staatsarchiv/Kriegsarchiv, Plansammlung Sch II/6-1)
Innentitel: Offizierspavillon im Inneren der Militärschule von Peking nach dessen Einnahme mit einem erbeuteten Geschütz (Heeresgeschichtliches Museum)
Nachsatz: Von Anton Vierheilig angefertigte Skizze (Heeresgeschichtliches Museum)

Die Deutsche Bibliothek – CIP-Einheitsaufnahme:

Mit S. M. S. Zenta in China : „Mich hatte auch diesmal der Tod nicht gewollt ..." ; Aus dem Tagebuch eines k. u. k. Matrosen während des Boxeraufstands / Claudia Ham/M. Christian Ortner (Hg.). - Wien : Verl. Österreich, 2000
ISBN 3-7046-1586-2

Veröffentlichung in Österreich
ISBN 3-7046-1586-2
Veröffentlichung in Deutschland
ISBN3-8132-0745-5

Rennweg 16, A-1037 Wien
Telefon: (0043 1) 610 77 333
Fax: (0043 1) 610 77 502
e-Mail: order@verlagoesterreich.at
Internet: www.verlagoesterreich.at

Verlag E. S. Mittler & Sohn, 2000
Hamburg, Berlin, Bonn
Internet: www.koehler-mittler.de

Produktion: Publish Pool, Wien

Inhalt

Vorwort

Als die Mitarbeiter des Heeresgeschichtlichen Museums im Jahre 1996 die Ausstellung „Die Schrecken des Eises und der Finsternis. Österreich und die Arktis“ vorbereiteten, fanden die Herausgeber dieses Werks unter den Schätzen der Bibliothek ein kleines unscheinbares Tagebuch eines Matrosen von S. M. S. *Zenta*. Dem angeschlossen war noch ein zweites, noch unscheinbareres Manuskript mit überaus interessanten vom Autor eigenhändig angefertigten ergänzenden Skizzen und Plänen. Das Buch trug den vielversprechenden Titel „Tagebuch über die Admiral-Seymour Expedition zum Entsatze Pekings im Jahre 1900, vom 7. bis zum 26. Juni“ und hat schon von Anfang an unsere Neugier geweckt, da es sich um einen zeitgenössischen Augenzeugenbericht handelte. Und dieser Bericht war nicht eine offizielle Stellungnahme eines hochrangigen Marineoffiziers, sondern gab in aller Ausführlichkeit das Handeln und Empfinden eines einfachen Matrosen der österreichisch-ungarischen Kriegsmarine während seines Einsatzes im Rahmen der Seymour-Expedition wieder. Da das Tagebuch aber in der Ausstellung schließlich keinen Platz fand und auch eine Publikation vorerst aufgrund Zeitmangels nicht in Betracht gezogen wurde, geriet es wieder in Vergessenheit.

Aber der 100. Jahrestag des Boxeraufstandes, der in das Jahr 2000 fällt, hat erneut unsere Aufmerksamkeit auf dieses Tagebuch gelenkt. Und die Eintragungen waren in der Tat faszinierend und fesselnd. Zunächst versucht der Tagebuchautor in einer Art Einleitung, die Situation in China und die gemeinhin als Boxer bekannt gewordene Widerstandsbewegung, die sich gegen Europäer und deren Parteigänger richtete, aus seiner Sicht zu beschreiben. Dann aber beginnt das eigentliche Tagebuch, dessen Dramatik sich von Tag zu Tag steigert: der Verfasser wird gemeinsam mit weiteren 24 Mann im Rahmen einer multinationalen Intervention einem Expeditions-Corps zugeteilt, das sich per Eisenbahn auf den Weg nach Peking machen soll, um den dort von den Aufständischen eingeschlossenen Europäern zu Hilfe zu kommen. Zunächst verläuft alles plangemäß, einige wenige Boxer behindern den Vormarsch nur unbedeutend. Doch dann überschlagen sich plötzlich die Ereignisse, und die darauf folgenden Erlebnisse haben beim Verfasser des Tagebuches einen unauslöschlichen Eindruck hinterlassen, der auch die Herausgeber ungeheuer beeindruckte und sie zu dem Entschluß veranlaßte, den Inhalt unbedingt einer breiteren Öffentlichkeit bekannt zu machen.

Herr Mag. Herbert Klein und Herr Mag. Günter Milly vom Verlag Österreich waren so freundlich, sich bereitzuerklären, in Kooperation mit dem Heeresgeschichtlichen Museum dieses Tagebuch zu veröffentlichen. Dafür sei Ihnen herzlich gedankt. Weiters gilt unser Dank dem Direktor des Heeresgeschichtlichen Museums Herrn Univ. Prof. HR Dr. Manfried Rauchensteiner für seine Unterstützung im Hinblick auf die Veröffentlichung dieses Werkes sowie der Leiterin der Museumsabteilung Frau Dr. Brigitte Holl für die Bereitstellung der Photos. Wir danken auch dem Österreichischen Staatsarchiv/Kriegsarchiv, und hier vor allem Herrn Dr. Peter Jung, der uns wertvolles Archiv- und Bildmaterial bereitstellte, sowie Herrn Dr. Lothar Baumgartner und Herrn Manfred Litscher für ihre Unterstützung und Zurverfügungstellung von überaus interessantem Text- und Bildmaterial. Zuletzt sei all jenen gedankt, die darüber hinaus dazu beigetragen haben, daß dieses Werk Wirklichkeit wird.

Die Herausgeber

S. M. Kreuzer *Zenta* vom Baubeginn bis zu seiner ersten Missionsreise nach China

Betrachtet man die österreichisch-ungarische Kriegsmarine in den Jahren von 1885 bis 1900 hinsichtlich der vorhandenen Flottenstärken und Schiffstypen, so läßt sich im Vergleich zu den übrigen europäischen Kriegsmarinen eine Periode des Strukturwandels feststellen. Insbesondere der ab 1883 amtierende Marinekommandant, Max Daublebsky Freiherr von Sterneck, galt in seiner frühen Amtszeit als typischer Vertreter der sogenannten „jeune école“. Diese von Frankreich ausgehende Denkart forderte hinsichtlich der zum Einsatz kommenden Schiffstypen die Abkehr von den großen Schlachtflotten, deren taktischer Wert durch die erheblichen Fortschritte auf dem Gebiet des Artilleriewesens als im Schwinden begriffen gesehen wurde. Der herkömmliche Eisenpanzer schien seine Schutzfunktion gegenüber modernen Marinegeschützen mehr und mehr zu verlieren, eine zusätzliche Erweiterung der Panzerstärken aufgrund der damit verbundenen Erhöhung des Deplacements war jedoch nicht wünschenswert. Statt dessen sollten kleinere Einheiten, vor allem Torpedoboote, den Küstenschutz übernehmen und schnellaufende Kreuzer Krieg gegen die feindliche Handelsschiffahrt führen. Wenn der von der „jeune école“ geforderte Kreuzerkrieg aufgrund des Fehlens überseeischer Stützpunkte für Österreich-Ungarn auch kaum realisierbar erschien, wirkte sich diese Denkart dennoch massiv auf den Schiffsneubau aus. Eine völlige Abkehr vom „alten“ System der großen Schlachtschiffe wurde von Sterneck jedoch abgelehnt und statt dessen die Entwicklung eines vollkommen neuen Schiffstyps, des Rammkreuzers, eingeleitet. Diese auch als „Torpedorammkreuzer“ bezeichneten Schiffe zeichneten sich durch starke Artillerie- und Torpedobewaffnung sowie hohe Geschwindigkeit aus, verfügten jedoch über nur sehr geringen Panzerschutz im Bereich der Maschinenanlage, des Kesselraumes und der Munitionsdepots. Der neue Schiffstyp wurde im Ausland kaum reflektiert und sollte sich auch aufgrund seiner schwachen Defensiveigenschaften als eine wenig entsprechende Konstruktion erweisen,

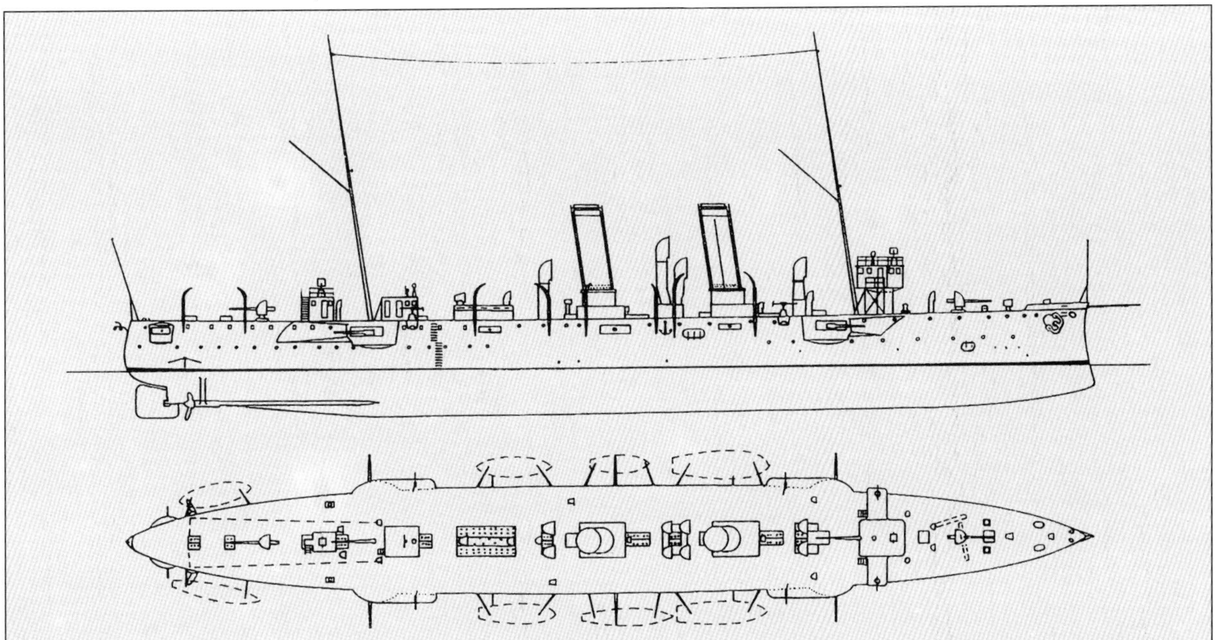

S. M. S. *Zenta*, Maßstab 1:1000 (Zeichnung von Erwin Sieche)

Baubeschreibung S. M. Torpedo-Kreuzer *Zenta* (Österreichisches Staatsarchiv/Kriegsarchiv)

da bereits einzelne Treffer mittlerer Kaliber die Kampfunfähigkeit herbeiführen konnten.[1]

Den Torpedoflotten zugewiesen, sollten die Rammkreuzer deren Vorgehen unterstützen und nötigenfalls selbst die Konfrontation mit feindlichen Schlachtschiffen nicht scheuen. Daher wurde die Schiffsartillerie mit im Vergleich zu ihrer Größe (3000 bis 4000 Tonnen) als überaus schwer zu beurteilenden 24 cm-Kanonen bestückt, die in Barbettetürmen zur Aufstellung gelangten. Als Hauptwaffe wurde jedoch, wohl in Anlehnung an den in der Seeschlacht bei Lissa 1866 erfolgten Rammstoß der Panzerfregatte *Ferdinand Max*, immer noch die Ramme gesehen, der man aufgrund der erzielten Schiffsgeschwindigkeit von 19 Seemeilen besondere Wirkung zudachte.

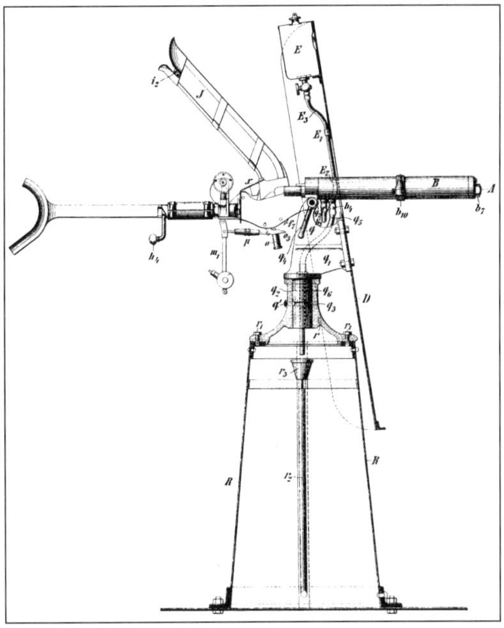

8 mm-Mitrailleuse M.93 (Aus: Unterricht für die 8 mm-Mitrailleuse M/93, Pola 1897, Anhang)

Die beiden einzigen Vertreter dieses Typs, S. M. Schiffe *Kaiser Franz Joseph* (Stapellauf 1889) und *Kaiserin Elisabeth* (Stapellauf 1890), waren letztendlich aus den oben erwähnten Gründen nicht in der Lage, die notwendigen aber aus Kostengründen nicht realisierbaren Schlachtschiffneubauten zu ersetzen. Selbst eine im Jahr 1904 erfolgte Modernisierung und Reduktion der schweren Artillerie auf das Kaliber von 15 cm konnte die Effizienz der beiden Kreuzer kaum verbessern. Vor allem der fehlende Panzerschutz führte dazu, den 1893 auf Stapel gelegten dritten Kreuzerneubau, *Kaiserin und Königin Maria Theresia*, mit einem zusätzlichen Gürtelpanzer zu versehen und auch die Geschütztürme zu panzern. Damit verfügte Österreich-Ungarn – wenn auch nicht ganz beabsichtigt – über seinen ersten „Panzerkreuzer". Die Erfindung moderner Stahlpanzer und die Konstruktion besonders widerstandsfähiger Compound-Panzerungen sollten gegen Ende des 19. Jahrhunderts die Wechselbeziehung zwischen Schiffsartillerie und Schiffspanzer wieder zugunsten letzterem verändern, so daß entgegen den Vorgaben der „jeune école" bei fast allen Kriegsmarinen die Forderung nach größeren Schlachtschiffen laut wurde. Auch die Bedenken hinsichtlich der Begrenzung des Deplacements schienen damit endgültig überwunden.

Die beschränkten Budgetmittel, die der österreichisch-ungarischen Kriegsmarine zur Verfügung gestellt wurden, verursachten Mitte der neunziger Jahre des vorigen Jahrhunderts bedeutende Einschränkungen hinsichtlich der Stapellegung neuer Einheiten. Die einzigen von Sterneck durchgesetzten Schlachtschiffneubauten sollten in der Arsenalswerft zu Pola und im Stabilimento Tecnico in Triest hergestellt werden. Aus Kostengründen wurden diese Schlachtschiffe (*Monarch*, *Wien* und *Budapest*) auf eine Größe von rund 5600 Tonnen beschränkt, jedoch mit einer beachtlichen Artillerie (4 Stück 24 cm L/40 Schnelladekanonen in Drehtürmen) und moderner Panzerung aus Nickelstahl versehen. Damit entsprachen Defensiveigenschaften und Bewaffnung zwar dem internationalen Schlachtschiffstandard, doch lag die Größe

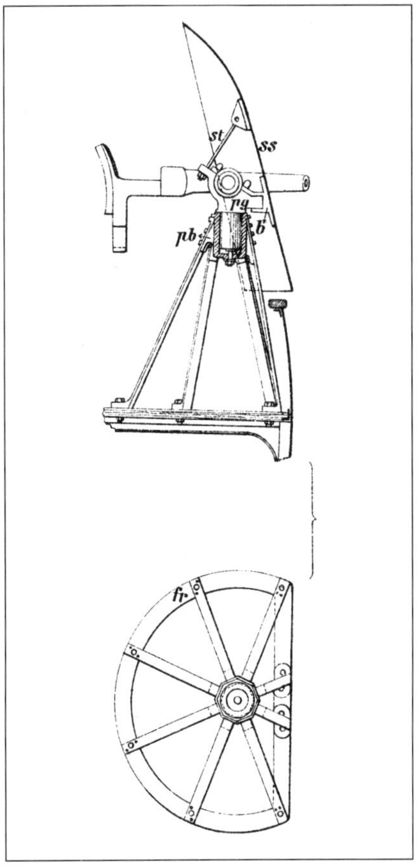

47 mm-Schnellfeuerkanonen L/33 und L/44 (Aus: Unterricht für die 37 mm-Schnellfeuerkanone L/23 und die 47 mm-Schnellfeuerkanonen L/33 und L/44, Pola 1902, Tafel II)

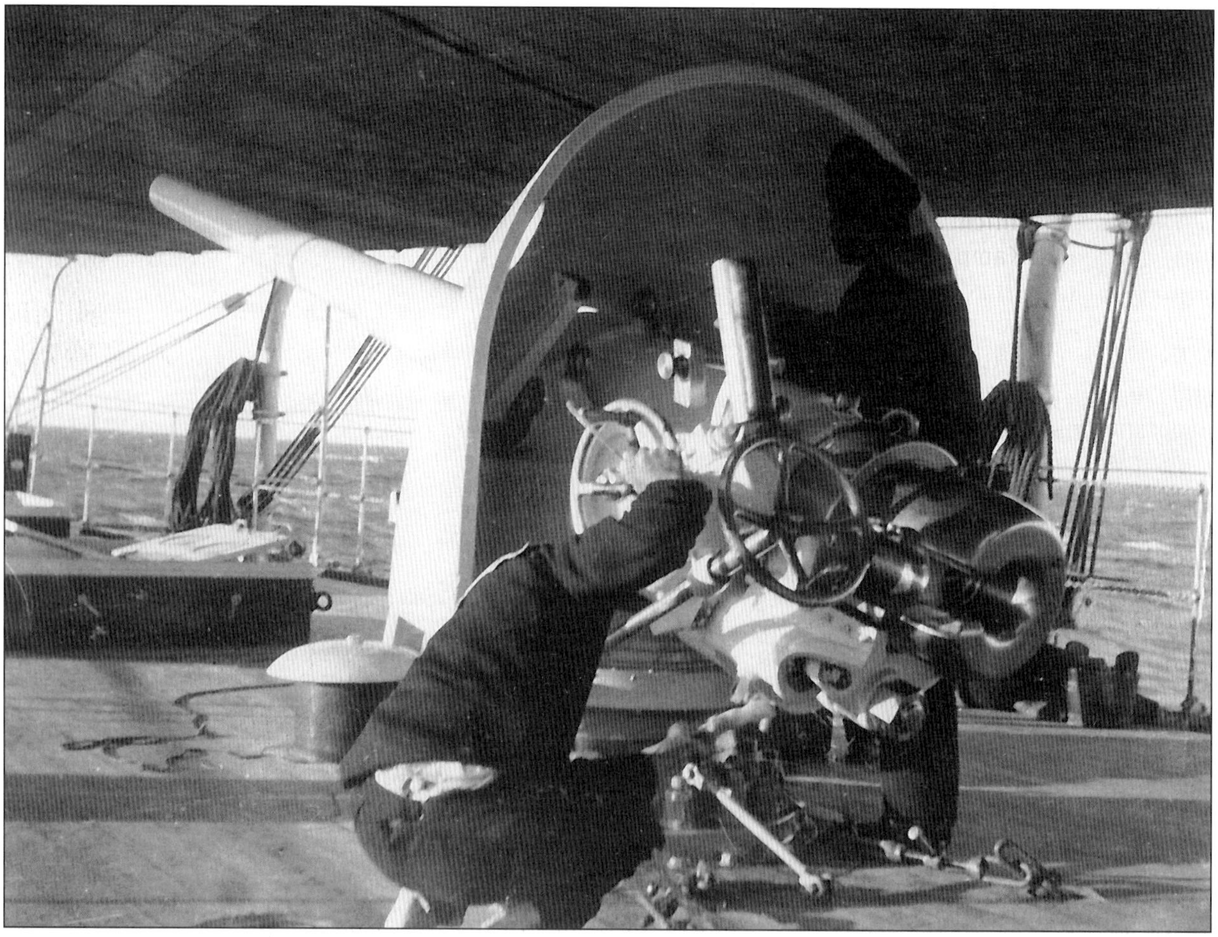

12 cm-Geschütz L/40 der *Zenta* (Privatsammlung)

der Schiffe der Monarch-Klasse fast 20 Prozent unter jener ihrer ausländischen Pendants. Die kleinen Dimensionen dieser Schiffsklasse hatten auch zur Folge, daß der an Bord befindliche Kohlenvorrat gleichfalls kleiner dimensioniert werden mußte. An einen operativen Einsatz fernab entsprechender Nachschubmöglichkeiten war daher kaum zu denken, so daß die Monarch-Klasse vor allem zum Zweck der Küstenverteidigung herangezogen werden sollte; eine Maßnahme, die der grundsätzlichen taktischen Ausrichtung der k.u.k. Kriegsmarine in den Jahren vor der Jahrhundertwende durchaus entsprach.[2]

Fast alle Kriegsmarinen verfügten über derartige Kriegsschiffe, die durch massive Schiffspanzerung und großkalibrige Schiffsartillerie charakterisiert werden konnten. Innerhalb dieser Schiffsgattung zeigte sich die Monarch-Klasse, etwa im Vergleich zu französischen Küstenverteidigern, deren Hauptartillerie zwar 30 und 34 cm-Geschütze (jedoch noch ohne Schnelladevorrichtung) umfaßte, trotz des eingeschränkten Kohlenvorrats hinsichtlich des Aktionsradius und der Geschwindigkeit überlegen. Die französische Flotte verfügte aber darüber hinaus über zahlreiche moderne Schlachtschiffe, die einen operativen Einsatz der Flotte gewährleisteten. Der begrenzte Aktionsradius stellte für die ausschließlich zu Küstenverteidigungszwecken vorgesehenen französischen Küstenverteidiger daher keinen Nachteil dar. Andererseits verleitete die vorteilhafte Konstruktion der österreichischen Küstenverteidiger die politische Führungsschicht in Österreich-Ungarn dazu, *Monarch*, *Wien* und *Budapest* die Bedeutung von Schlachtschiffen beizumessen. Vermutlich sollte damit die Unterlegenheit der österreichisch-ungarischen Kriegsmarine vor allem im Bereich der Schlachtschiffe zumindest in statistischer Hinsicht etwas ausgeglichen werden, wohl auch, um die kostspieligen Neubauwünsche der Marineleitung hintanzuhalten.

Die angespannte Budgetsituation, die eine massive Vermehrung der Schlachtschiffe der österreichisch-ungarischen Kriegsmarine von vornherein einschränken mußte, führte letztlich zu einer Hervorhebung der Bedeutung der Kreuzer-Klasse. Schnellen Kreuzern war die Aufgabe des Aufklärungs- und Nachrichtendienstes, darüber hinaus aber auch der Kampf gegen feindliche Torpedoboote oder die Zerstörung gegnerischer Signal- und Telegraphenanlagen zugedacht. Dadurch sollten die vorhandenen Schlachtschiffe weitgehend unterstützt und für die Konfrontation mit der eigentlichen Hauptstreitmacht des Gegners geschont werden.

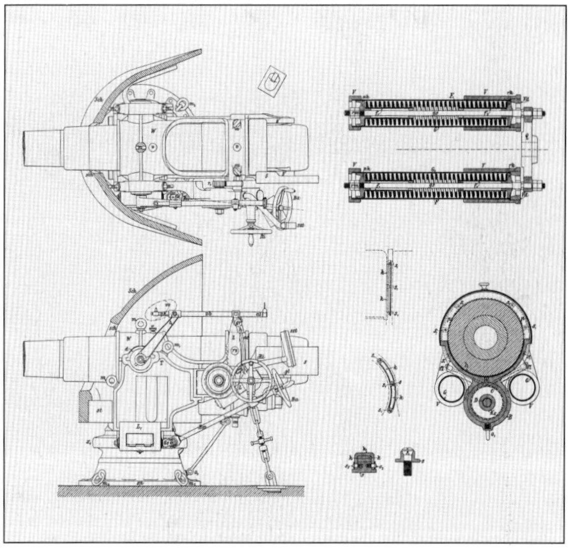

12 cm-Schnelladegeschütz L/40 C/96 (Aus: Unterricht für das 12 cm Schnellade-Geschütz L/40, S.C/96 in Mittelpivot=Wiegenlafette, Pola 1901, Tafel II)

Für die österreichisch-ungarische Kriegsmarine wurde der Bedarf an Kreuzern durch die taktische Ausrichtung der Flotte als Instrument der Küstenverteidigung noch weiter verstärkt. Die zahlreichen Inseln der dalmatinischen Küste konnten nur schwer überwacht werden und machten daher eine große Anzahl an Kreuzern erforderlich. Diese sollten vor allem über eine hohe Fahrtgeschwindigkeit, einen großen Aktionsradius und eine entsprechende Artilleriebestückung verfügen, um den Kampf gegen kleinere gegnerische Einheiten sofort aufnehmen zu können.[3]

Aber auch im Bereich der Friedensaufgaben der Flotte sollten Kreuzer eine immer wichtigere Rolle spielen. Die Bedeutung der k. u. k. Kriegsmarine beschränkte sich nicht allein auf das ihr innewohnende Gewaltpotential im Kriegsfall, sondern galt auch als Manifestation des Machtpotentials des Staates. Damit sollte dem eigenen Überseehandel die notwendige moralische Stütze seitens des Heimatlandes vermittelt und das Vertrauen der Handeltreibenden in die Sicherheit der Schiffahrtslinien sowie der Handelsniederlassungen an fremden Küsten gestärkt werden. Flotteneinheiten konnten durch ihr Auftreten aber nicht nur die Würdigung eigener Handelsinteressen gegenüber ausländischen Machthabern erreichen und nötigenfalls durchsetzen, sondern gleichfalls auch politischen Druck ausüben. Die wichtigste Form, sowohl kommerzielle als auch politische Interessen zu wahren und die Machtstellung des Staates zu demonstrieren, bestand in oftmaligen Besuchen moderner Kriegsschiffe in fremden Häfen, um „Flagge zu zeigen".[4] Der Auslands- und Missionsdienst, der neben den eben erwähnten Zwecken auch noch der Ausbildung der Kadetten und Mannschaften sowie der Durchführung wissenschaftlicher Arbeiten diente, wurde bis zum Ende des 19. Jahrhunderts fast ausschließlich von getakelten Schiffen der Kriegsmarine durchgeführt

Heckgeschütz S. M. S. *Zenta* (Privatsammlung)

S. M. S. *Zenta* (Privatsammlung)

S. M. S. KREUZER *ZENTA*[5]

Bauwerft: Konstruktionsarsenal Pola, Pläne von Obst.Sch. Bau-Ing. J. Kuchinka
Bauzeit: August 1896 bis März 1899

Deplacement: 2350 t, voll ausgerüstet: 2543 t
Länge über alles 96,88 m
Länge in Kielwasserlinie 96,00 m
Breite auf Außenbeplattung 11,732 m

Panzerung:
Panzerdeck, Mittelteil 2 x 12,5 mm
Panzerdeck, Seiten im Bereich des Maschinen- und Kesselraumes 2 x 25 mm
Erkerpanzer 35 mm
Kommandoturm 2 x 25 mm

Bewaffnung:
8 St. 12 cm L/40 S. L. K. in Mittelpivot-Wiegenlafette
8 St. 47 mm Škoda-S. F. K. L/44

2 St. 47 mm Hotchkiss-S. F. K. L/33
2 St. 8 mm-Mitrailleusen M.93
2 St. 45 mm-Breitseit-Lanzierapparate

Segelfläche: 585,8m²

Maschinenanlage: erbaut vom Stabilimento Tecnico Triestino 1897–1899
2 vertikale, vierzylindrige dreifach-Expansionsmaschinen
2 dreiflügelige Schrauben, Durchmesser: 3440 mm, Steigung: 3730 mm
8 Yarrow-Wasserkessel, Betriebsdampfdruck: 15 atü

Geschwindigkeit und Maschinenleistung:
Probefahrt am 30. März 1899 bei Depl. 2250 t, erste forcierte Fahrt:
v mittl: 20,852 Knoten, N mittl.: 8160 PSi, n 181,
v max: 21,87 Knoten, N mittl.: 8584 PSi, n 184,
Probefahrt am 13. November 1912, Depl. 2495 t:
v max: 17,94 Knoten

Kohlenvorrat: 469 t

Besatzung (einschließlich Stab): ca. 290 Mann

Distanzmesser und Peilkompaß, S. M. S. *Zenta* (Privatsammlung)

(Kanonenboote und Korvetten), während andere Staaten zu diesem Zweck bereits moderne Kreuzer einsetzten. Im Grunde spielten auch hier wieder finanzielle Ursachen eine maßgebliche Rolle, da getakelte Einheiten bei günstigerer Witterung natürlich ihre Segel zum Einsatz bringen konnten und damit den Kohlenverbrauch niedrig hielten. Langfristig mußte dadurch jedoch der Eindruck entstehen, Österreich-Ungarn würde über keine modernen Einheiten verfügen, so daß – wollte man den Rückstand der Marinerüstung nicht noch weiter verdeutlichen – für diese Zwecke neue Kreuzer produziert werden sollten. Nachdem grundsätzlich zwischen gepanzerten und ungepanzerten Kreuzern unterschieden wurde, entschied sich die Marineleitung hinsichtlich der Abwicklung des Stations- und Missionsdienstes zum Bau eines ungepanzerten, jedoch geschützten 2300 t-Kreuzers, dem letztlich noch zwei Schwesterschiffe folgen sollten.

Der Bau des kleinen Kreuzers „A" – Neubauten erhielten ihre Schiffsnamen erst unmittelbar vor dem Stapellauf – begann am 8. August 1896 im Konstruktionsarsenal zu Pola nach den Plänen des Obersten Schiffbau-Ingenieurs Josef Kuchinka.[6] Als Baumaterial wurde Siemens-Martin-Stahl gewählt, lediglich Achter- und Vordersteven, Achsträger sowie das Rudergerippe bestanden aus Stahlguß. Auf die Montierung eines Seitenpanzers wurde – wie bereits erwähnt – verzichtet, zum Schutz der vitalen Einrichtungen des Kreuzers jedoch ein durchgängiges Panzerdeck vorgesehen. Die Panzerstärken schwankten zwischen 50 mm im Bereich des Kommandoturmes bzw. der Maschinenanlage und 25 mm als Standardstärke des horizontalen Teils des Panzerdecks. Als Antriebsquelle wurde eine vierzylindrige Zwillingsschrauben-Maschine mit dreifacher Expansion und einer durchschnittlichen Leistung von ca. 8100 PSi gewählt, die dem Kreuzer eine maximale Geschwindigkeit von rund 21 Knoten ermöglichen sollte. Für die Dampferzeugung sah man bereits moderne Wasserrohrkessel vor, die im Vergleich zu den herkömmlichen Kesseln eine Steigerung des Dampfdruckes ohne zusätzliche Verankerungen bzw. Kesselwandverstärkungen zuließen. Vorerst wurden 14 derartige Wasserrohrkessel projektiert, ihre

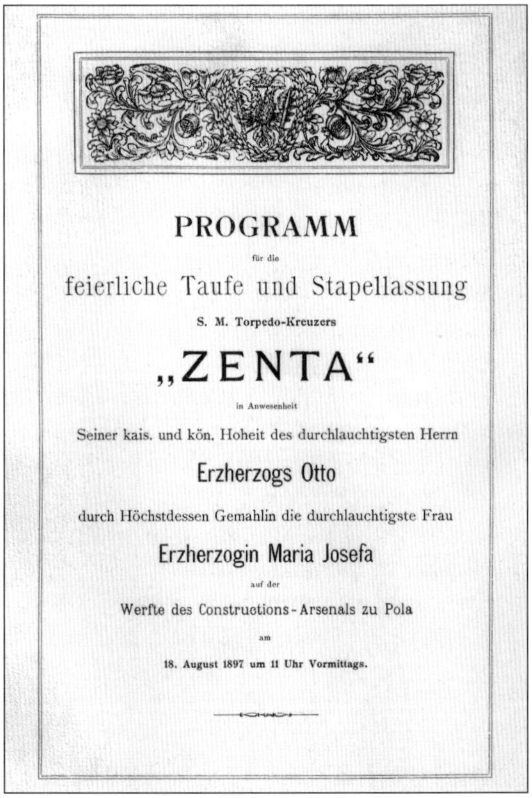

PROGRAMM

für die

feierliche Taufe und Stapellassung

S. M. Torpedo-Kreuzers

„ZENTA"

in Anwesenheit

Seiner kais. und kön. Hoheit des durchlauchtigsten Herrn

Erzherzogs Otto

durch Höchstdessen Gemahlin die durchlauchtigste Frau

Erzherzogin Maria Josefa

auf der

Werfte des Constructions-Arsenals zu Pola

am

18. August 1897 um 11 Uhr Vormittags.

Programm für die feierliche Taufe und Stapellassung S. M. Torpedo-Kreuzer *Zenta* (Österreichisches Staatsarchiv/Kriegsarchiv)

Anzahl letztlich aber auf acht Stück vom Typ „Yarrow“ reduziert.

Die Kohlendepots sollten rund 472 Tonnen Kohle aufnehmen können, die bei einer gleichbleibenden Geschwindigkeit von zwölf Seemeilen eine Reichweite von rund 3800 Seemeilen gewährleisten konnten. Um den Aktionsradius noch weiter auszudehnen (und Kohle zu sparen), wurden bei der *Zenta* im Unterschied zu den beiden Schwesterschiffen *Aspern* und *Szigetvár* auch noch zwei Masten vorgesehen, welche das Führen einer Gesamtsegelfläche von 586 m^2 gestattete.

ZU DER DURCH ERSCHEINEN IHRER K. U. K. HOHEITEN DES DURCHLAUCHTIGSTEN HERRN

ERZHERZOGS OTTO

UND HÖCHSTDESSEN GEMAHLIN DER DURCHLAUCHTIGSTEN FRAU

ERZHERZOGIN MARIA JOSEFA

GNÄDIGST AUSGEZEICHNETEN, AM 18. AUGUST 1897 IM K. U. K. MARINE-CASINO UM 2 UHR NACHMITTAGS STATTFINDENDEN

FEST-TAFEL

BEEHRT SICH DER MARINE-COMMANDANT, ADMIRAL FREIHERR VON STERNECK

HIEMIT HÖFLICHST ZU BITTEN.

ADJUSTIRUNG: HUT UND EPAULETTEN, BEZIEHUNGSWEISE PARADE.

Einladung zur Festtafel anläßlich des Stapellaufes S. M. S. *Zenta* (Österreichisches Staatsarchiv/Kriegsarchiv)

8 mm-Mitrailleuse M.93

Die Mitrailleuse System Erzherzog Karl Salvator–Major Ritter von Dormus galt als sogenannte automatische Mitrailleuse, da der Ladevorgang und das Ausziehen der abgeschossenen Patronenhülse selbsttätig erfolgte. Die Munitionszuführung erfolgte über einen Ladetrichter auf den ein mit Patronen gefülltes Ladeblech aufgesetzt wurde. Die Feuerschnelligkeit konnte durch unterschiedliche Stellungen des unterhalb des Schlosses liegenden Pendelgewichtes variiert werden. Als Maximalleistung konnten im Durchschnitt 300 bis 400 Schüsse in der Minute erreicht werden.[7]

Wichtigste technische Daten:

Kaliber 8 mm
Breite der Felder 2,2 mm
Lauflänge 571 mm
Gesamtgewicht 16,5 kg
Anzahl der Züge 4
Gewicht des Schutzschildes 70 kg
Breite der Züge 3,5 mm
Anfangsgeschwindigkeit 560 m/s

☞ Skizze S. 11

47 mm-Schnellfeuerkanonen L/33 und L/44

Die beiden Geschütze sind vom Konstruktionsprinzip sehr ähnlich und unterscheiden sich lediglich durch die Rohrlänge, einige Abweichungen im Laderaum und im Bereich der Visiereinrichtung, welche bei der S.F.K. L/44 im Unterschied zu L/33 rechts angebracht ist. Als Verschluß kam ein vertikaler Keil- bzw. Fallblockverschluß zur Anwendung.[8]

Wichtigste technische Daten:

Kaliber 47,1/47,8 mm
Max. Rücklauf 85/100 mm
Rohrlänge 2048 mm
Max. Elevation 20°/24°
Anzahl der Züge 20
Max. Depression 10°/30°
Gewicht des Rohres 230/120 kg
Durchschnittliches Munitionsgewicht ca. 1,5/1,1 kg

☞ Skizze S. 11

S. M. S. *Zenta* (Privatsammlung)

Neben der modernen Maschinenanlage wurden auch in anderen Bereichen die neuesten Errungenschaften der Technik nutzbar gemacht. Die Betätigung des Steuerruders konnte entweder händisch oder mittels eines eigenen Dampfsteuerapparates System „Harfield" erfolgen. Die gesamte Innenbeleuchtung, zwei Bogenlichter und zwei 60 cm-Projektoren wurden elektrisch betrieben; der notwendige Strom kam von drei größeren Dampfdynamos. Zur Verbesserung der Verproviantierung wurden auf S. M. S. *Zenta* auch Kühlanlagen in den Verpflegungsdepots vorgesehen, die sich vor allem bei Reisen in wärmere Klimazonen bestens bewähren sollten.[9]

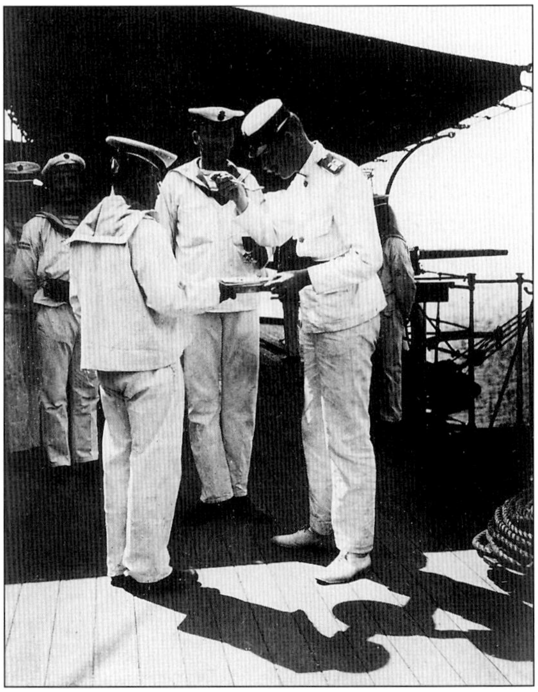

Überprüfung der Mannschaftsmenage an Bord S. M. S. *Zenta* (Privatsammlung)

Auch die Artilleriebewaffnung war überaus modern und reflektierte sehr augenscheinlich die Anfang der neunziger Jahre des 19. Jahrhunderts begonnene Entwicklung, die Wirkungsfähigkeit der eingeführten Geschütze bei gleichbleibendem Kaliber zu steigern. Als vorrangiges Ziel wurde die Erhöhung der Feuergeschwindigkeit betrachtet, die durch Einführung von Schnelladekanonen merklich gesteigert werden konnte. Das Prinzip der Schnelladung manifestierte sich in der Vereinigung von Geschoß, Pulverladung und Zündkapsel zu einer Einheitspatrone mit Metallhülse. Damit konnte der Ladevorgang auf das bloße Einführen der Patrone in den Laderaum des Geschützrohres reduziert und somit erheblich beschleunigt werden. Bei kleinkaübrigen Geschützen war dieses System bereits allgemeiner Standard, bei größeren Kalibern ergaben sich jedoch vorerst Probleme, da die Verwendung von Metallpatronen eine geänderte Verschlußkonstruktion erforderte.

Eine weitere Neuerung für die österreichisch-ungarische Marine stellte die Einführung der automatischen Mitrailleuse System Erzherzog Carl Salvator–Major Dormus dar. Im Kaliber 8 mm (Gewehrkaliber) ausgeführt, mußten vor allem der geringe Raumbedarf und die zum damaligen Zeitpunkt unglaubliche Feuergeschwindigkeit von 400 Schuß pro Minute beeindrucken. Beide Innovationen, Schnelladekanonen und Mitrailleusen, sollten auch bei der Bewaffnung der *Zenta* zur Anwendung kommen.[10]

Als Hauptbewaffnung wurden acht nickelstählerne 12 cm-Schnelladekanonen L/40 gewählt und in Mittelpivot-Wiegenlafetten eingebaut. Jeweils eine mit einem Schutzschild versehene 12 cm-Kanone gelangte auf dem vorderen und achteren Manöverdeck mit einem Feuerbereich von 270° zur Aufstellung. Die verbleibenden sechs Kanonen wurden backbord und steuerbord auf dem Batteriedeck installiert, wobei jeweils zwei über einen 140°, die dritte lediglich über einen 120° Wirkungsbereich verfügten. Die Aufstellung war derart gewählt worden, daß sich die Feuerbereiche überschnitten und somit in Bug- bzw. Heckrichtung jeweils drei Geschütze in Aktion gebracht werden konnten; nach der Bordseite waren es sogar fünf. Letztere waren im Ernstfall in der Lage, innerhalb von einer Minute 30 gezielte Schüsse mit einem Munitionsgesamtgewicht von rund 710 kg abzugeben, wobei auf eine Entfernung von 1000 Metern eine Stahlplatte von 26 cm Dicke durchschlagen werden konnte.[11]

Zur Abwehr feindlicher Torpedoboote wurde die *Zenta* noch mit acht 47 mm-Schnellfeuerkanonen L/44 vom Typ Skoda und zwei gleichkalibrigen Schnellfeuerkanonen L/33 System Hotchkiss versehen, die gemeinsam mit den beiden bereits erwähnten 8 mm-Mitrailleusen M.93 auch in den unteren Kalibern ein beachtliches Artilleriepotential ergaben. Die Geschütze gelangten auf dem Manöver- und Oberdeck zur Aufstellung. Zusätzlich wurden für die *Zenta* auch noch vier Breitseit-Lanzierrohre für 45 cm-Torpedos vorgesehen, von denen jedoch nur zwei tatsächlich eingebaut wurden.[12] Aufgrund der Beteilung mit Torpedorohren galten die Schiffe dieser Kreuzerklasse innerhalb der österreichisch-ungarischen Kriegsmarine auch als Torpedokreuzer. Eine Bezeichnung, die von ausländischen Kriegsmarinen kaum verwendet wurde, da ohnehin fast alle modernen Kriegsschiffe dieser Periode bereits mit Torpedolanzierrohren ausgerüstet wurden.

12 cm-Schnelladegeschütz L/40 C/96

Das 12 cm-Schnelladegeschütz L/40 C/96 System Škoda verfügte über ein gußstählernes Mantelringrohr mit Parallelzügen von gemischtem Drall und einen rechtsgängigen Schnelladeverschluß. Die Mittelpivot-Wiegenlafette bestand aus der Wiege, dem Wiegenträger, einem Schutzschirm und einem Sockel. An Munition wurden gehärtete stählerne Zündergranaten (geh. Z.Gr.), gußeiserne Zündergranaten (eis. Z.Gr.), Normal- und Segmentschrapnells (N. und Sg. Sh.) und gußeiserne Übungsgeschosse verwendet. Die Munitionsdotation an Kriegsmunition bestand für jedes 12 cm-Geschütz aus: 20 Panzergranatpatronen, 100 (gehärteten) stählernen Zündergranatpatronen, 10 Normal- und 20 Segmentschrapnellpatronen.

Wichtigste technische Daten:[13]

Kaliber 120 mm
Max. Rücklauf 240 mm
Rohrlänge 4810 mm
Gewicht der Wiege 660 kg
Anzahl der Züge 36
Größte Elevation 20°
Gewicht des Rohres 2040 kg
Größte Depression 6°
Gewicht des Verschlusses 78 kg
Durchschnittliches Munitionsgewicht ca. 33 kg

☞ Skizze S. 13

Waschtag an Bord S. M. S. *Zenta* (Privatsammlung)

Der Bau der *Zenta* schritt überaus rasch voran und erreichte mit Stand Ende Dezember 1896 eine Vollendungsstufe von 16 Prozent, so daß der Stapellauf des Kreuzers für den Spätsommer 1897 in Aussicht genommen werden konnte. Die Maschinenanlage war im Stabilimento Tecnico Triestino bei Jahresende bereits zu 40 Prozent fertiggestellt.[14]

Die Arbeiten am Schiffskörper stießen in der ersten Jahreshälfte 1897 auf keine nennenswerten Schwierigkeiten und ließen eine Vollendung der ersten Baustufe einschließlich des Oberdecks bis zum projektierten Zeitpunkt Juli bzw. August 1897 erreichbar erscheinen. Damit konnten bereits erste Angaben hinsichtlich des Stapellauftermins gemacht werden, der für den August desselben Jahres in Aussicht gestellt wurde. Der weitere Ausbau des Schiffes wie etwa der Einbau der Maschinenanlage, die Montage der Geschütze und Lanziervorrichtungen sowie die Komplettierung der technischen Einrichtungen sollte wie üblich im bereits schwimmenden Zustand erfolgen.

Der Stapellauf eines Kriegsschiffes, keinesfalls mit dessen Indienststellung zu verwechseln, bedeutete somit die Vollendung des Schiffskörpers als schwimmfähiges Objekt. Der Vorgang des Stapellaufs selbst stellte nicht nur in der österreichisch-ungarischen Kriegsmarine ein gesellschaftliches Ereignis dar, sondern wurde von allen Flotten durch besondere Feierlichkeiten gewürdigt. Bereits Anfang Juli 1897 erfolgten die ersten vorbereitenden Tätigkeiten hinsichtlich der zu veranstaltenden Festivitäten anläßlich des Stapellaufs der *Zenta*. Als Angehörige des Kaiserhauses sollten Erzherzog Otto und seine Gemahlin Erzherzogin Maria Josefa den Kaiser vertreten, letztere war gleichzeitig auch als Taufpatin der *Zenta* vorgesehen. Die Information über den definitiven Termin des Stapellaufs wurde dem Seebezirkskommando Triest am 5. Juli 1897 durch die Präsidial-Kanzlei der Marinesektion zur Kenntnis gebracht.[15] Demgemäß sollte S. M. S. *Zenta* am 18. August, dem Geburtstag des Kaisers Franz Joseph I., vom Stapel gehen. Das Seebezirkskommando Triest wurde mit der Abwicklung sämtlicher Vorbereitungen für dieses gesellschaftliche Großereignis betraut. Dies beinhaltete vor allem den Transport der mittels Bahn nach Triest angereisten Festgäste nach Pola. Zu diesem Zweck wurde ein Dampfer des Österreichischen Lloyd für den Zeitraum vom 17. bis 18. August morgens auf Kosten der Marinesektion angemietet, die Bordverpflegung war jedoch von den Passagieren selbst zu bezahlen. Die kaiserlichen Hoheiten schifften sich für die Überfahrt nach Pola auf S. M. Schiff *Pelikan* ein, welches, wohl um die bestmögliche Bedienung des Erzherzogspaares zu gewährleisten, einen Koch und zwei Diener des Lloyd für die Dauer der Anwesenheit der Hoheiten in Pola bzw. Triest zu übernehmen hatte.

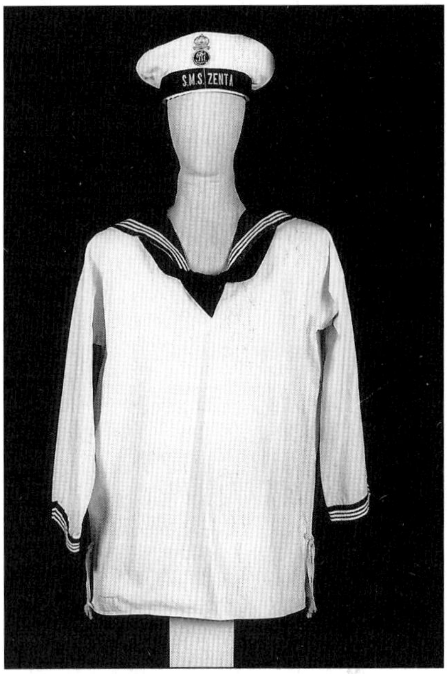

Figurine eines Matrosen S. M. S. *Zenta* um 1907 in Sommeradjustierung (Heeresgeschichtliches Museum)

Für den Stapellauf waren am Morgen des 18. August noch zahlreiche Vorarbeiten durch das Marinearsenal zu erledigen, die sich vor allem auf das Abtragen der das Schiff in stabiler Position haltenden Klötze konzentrierten. Nach der Entfernung der Kielklötze erfolgte noch eine genaue Untersuchung des Stapels, wobei der Seestapel, also der unter Wasser liegende Teil, durch einen Taucher überprüft werden mußte, um jegliche Anstände beim Stapellauf zu verhindern. Danach sollten die letzten sieben Stützen pro Seite abgetragen werden, so daß *Zenta* nur mehr durch die Rückhalteketten in ihrer Position gehalten wurde. Der Kreuzer war damit zum Ablauf klar.[16] Während dieser Tätigkeiten erfolgte die erste Einweihung des Schiffes durch den Marinepfarrer Monsignore Paul Uredniček unter entsprechender geistlicher Assistenz auf dem Verdeck des Schiffes.

Das Erzherzogspaar war von Triest kommend inzwischen in Pola eingetroffen und begab sich von S. M. S. *Pelikan* auf ein Galaboot, welches die beiden Hoheiten bis ca. 10.45 Uhr zum Landungsplatz des Seearsenals überschiffte. Sämtliche anwesenden österreichisch-ungarischen Schiffe hatten den für derartige Besuche vorgeschriebenen Rahen- und Reelingssalut, das Hafenwachschiff den entsprechenden Geschützsalut abzugeben. Am Landungsplatz hatten sich zu diesem Zeitpunkt bereits der Hafen-Admiral von Pola, der Seearsenals-Kommandant, die anwesenden Staatswürdenträger, die Flaggenoffiziere, die Ehrendamen und zwölf weißgekleidete Mädchen, Töchter von Marine-Unteroffizieren und Arsenalsarbeitern, eingefunden. Die Stabs- und Oberoffiziere und die Marinebeamten hatten gleichfalls Aufstellung genommen und bildeten ein doppeltes Spalier. Bereits beim Nahen des Galabootes wurde durch eine Veteranenkapelle die Volkshymne intoniert und bis zum Erreichen des Hofpavillons durch die k.u.k. Hoheiten gespielt. Nachdem sämtliche Festgäste auf der Tribüne ihren Platz eingenommen hatten, erfolgte die zweite Einweihung der *Zenta*.

Der Taufakt selbst wurde durch Erzherzogin Maria Josefa durchgeführt, indem sie durch die Berührung eines Tasters mit der Aufschrift „Tauf-Act" eine Champagnerflasche am Bug zerschellen ließ. Danach wurde der Schalter „Stapellauf" betätigt, der ein Klingelzeichen auslöste und damit dem Bauleiter das Lösen der Rückhalteketten anwies. Es erfolgte das Ansetzen der hydraulischen Presse, um das Schiff in Bewegung zu setzen.

Figurine eines Matrosen S. M. S. *Zenta* um 1907 in Winteradjustierung (Heeresgeschichtliches Museum)

Flottenrock eines k.u.k. Fregattenleutnants (Heeresgeschichtliches Museum)

Nachdem das Schiff in volle Abwärtsbewegung übergegangen war, begann der Bauleiter seinen Hut zu schwenken, und die anwesenden Arbeiter und Marinemannschaften brachen in laute Hurrarufe aus. Die Marinemusik intonierte daraufhin wiederum die Volkshymne.[17] Der kleine Kreuzer glitt ohne Anstände ins Wasser, der Stapellauf war erfolgreich durchgeführt worden.

Nach Beendigung der Feierlichkeiten wurde die *Zenta* auf den Seestapel vorgeholt, um die immer noch am Schiffsrumpf befindliche Wiege zu lösen, auf den Stapel niederzulassen und wieder in die Ausgangsposition zurückzubringen. Dieser Vorgang wurde nicht mehr von der Bauleitung, sondern bereits von der Ausrüstungsdirektion des Seearsenals vorgenommen, die den weiteren Aufbau des Kreuzers zu leiten hatte.

Die in weiterer Folge begonnenen Zurüstungsarbeiten auf der *Zenta* nahmen danach mehr als ein Jahr in Anspruch. Ende 1898 war der Torpedokreuzer zu 90 Prozent fertiggestellt und seine Indienststellung im Mai 1899 in Aussicht genommen. Nach der Vollendung der Arsenalsarbeiten im Frühjahr 1899 wurden die ersten Probefahrten durchgeführt, wobei bereits sehr günstige Resultate erzielt werden konnten. Die Gesamtbaukosten der *Zenta* beliefen sich bis zur Indienststellung auf 4,2 Millionen Kronen, davon wurden rund 400.000 Kronen für die Bewaffnung ausgegeben. Im Vergleich dazu lagen die Baukosten für die Schiffe der Monarch-Klasse zwischen 9,1 und 10 Millionen Kronen. Im Rahmen einer vierstündigen Probefahrt konnte bei kontinuierlichen 181 Umdrehungen der Schrauben pro Minute eine stündliche Geschwindigkeit von 20,85 Seemeilen erzielt werden. Diese hervorragenden Ergebnisse ließen eine Einteilung der Zenta in die Übungseskadre der Sommerperiode 1899 durchaus gerechtfertigt erscheinen; die erste Indienststellung erfolgte am 28. Mai 1899.

Bordkappen für Winteradjustierung: Oberoffiziere bzw. Matrosen der k.u.k. Kriegsmarine (Heeresgeschichtliches Museum)

Vier Spezialitätenabzeichen für Unteroffiziere der k. u. k. Kriegsmarine (Heeresgeschichtliches Museum). Sämtliche Mannschaftsdienstgrade tragen je nach ihrer Diensteinteilung ein Spezialitätenabzeichen am linken Oberärmel, das ab dem Rang eines Quartiermeisters (Korporalsrang) überdies von einer Kaiserkrone überhöht wird

Nach Abrüstung S. M. Schiffe *Leopard, Lussin, Kaiserin und Königin Maria Theresia, Magnet* und weiterer zehn Torpedoboote im März bzw. April 1899 wurde die alljährliche Übungseskadre somit unter anderem auch durch den Torpedokreuzer *Zenta* verstärkt. Er fand seine Einteilung bei der III. Division, der Torpedoflottille, und diente als Flaggenschiff des Divisionskommandanten, Kontreadmiral Rudolf Graf Montecuccoli-Polinago. Die Verstärkung der Eskadre während der Sommermonate verfolgte wie alljährlich den Zweck, Kommandanten, Stäbe und Besatzungen im Manövrieren in größeren Verbänden auszubilden. Daneben sollten strategische Aufgaben im Divisionsverband geübt und das kriegsmäßige Verhalten vertieft werden. Für die auf *Zenta* eingeschiffte Besatzung war überdies das Kennenlernen der Besonderheiten des vollkommen neuen und nach modernsten Gesichtspunkten konstruierten Schiffes von besonderer Bedeutung. Die Erfahrungen des kleinen Kreuzers als Führungsschiff von Torpedobootsabteilungen verliefen nicht zuletzt aufgrund der erreichten Höchstgeschwindigkeit überaus positiv. Schiff und Mannschaften hatten vollkommen entsprochen, so daß nichts gegen eine Entsendung der *Zenta* auf ihre erste Missionsreise nach Ostasien stand.

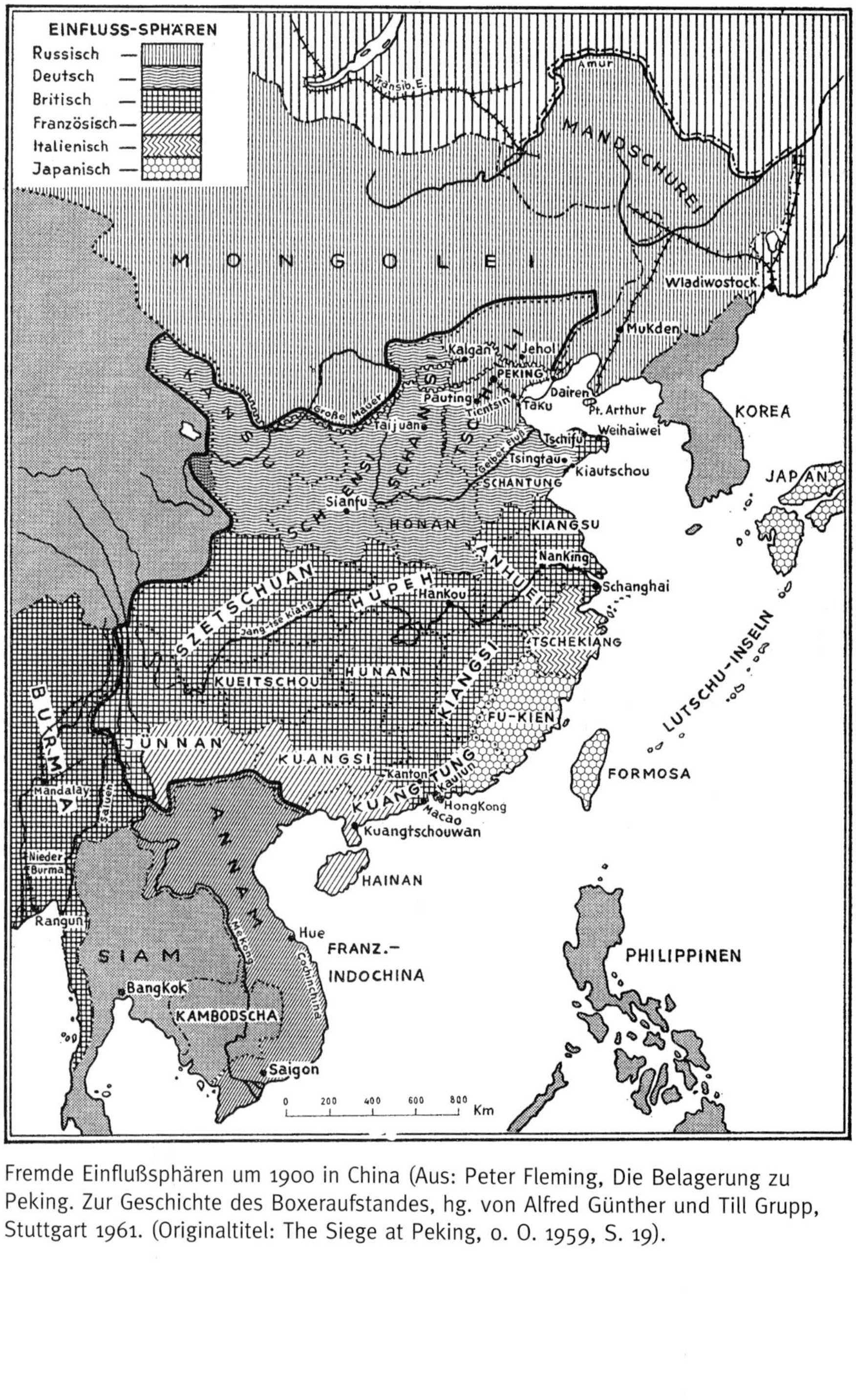

Fremde Einflußsphären um 1900 in China (Aus: Peter Fleming, Die Belagerung zu Peking. Zur Geschichte des Boxeraufstandes, hg. von Alfred Günther und Till Grupp, Stuttgart 1961. (Originaltitel: The Siege at Peking, o. O. 1959, S. 19).

Der Boxeraufstand – Vorgeschichte

Chinesischer Militärmandarin
(Aus: Oesterreichische Kronen-Zeitung, Nr. 165, 19. Juni 1900, S. 9)

Im Laufe des 19. Jahrhunderts hatten die westeuropäischen Staaten, aber auch Rußland und Japan China immer mehr zum Spielball ihrer Interessen gemacht und in ihre Einflußsphären aufgeteilt. Das Land wurde als eigenständige Macht allmählich ausgebootet. Der rege Opiumhandel der Briten führte zu einer ersten ernsthaften Auseinandersetzung mit den Chinesen, nachdem die chinesische Regierung die Einfuhr des gesundheitsschädigenden Opiums 1839 verboten hatte. Im Zuge des sogenannten Opiumkrieges besetzten die Briten die Provinz Kanton. Im Vertrag von Nanking (1842) mußte China schließlich Hongkong an die englische Krone abtreten und fünf Häfen der Südküste dem Handel mit fremden Mächten öffnen. Für den Westen bedeutete dies die Einleitung einer „Ära imperialistischer Vorgangsweisen“, wie Richard Plaschka dies so treffend in seinem Werk „Matrosen – Offiziere – Rebellen“ nennt, und als weitere Folge eine ganze Reihe von Verträgen, „die China unter Androhung oder Anwendung von Gewalt von den (fremden) Mächten vor allem zum Zweck des kommerziellen und religiösen Eindringens aufgezwungen wurden“. Für die Chinesen bedeutete dieser Vertrag daher nur den Auftakt zu weiteren bitteren Niederlagen und schmählichen Erniedrigungen; sie waren in zunehmendem Maße verbittert darüber, daß ihr – ihrer Ansicht nach scheinbar so hochentwickeltes – Land allem Anschein nach nicht in der Lage war, die eindringenden ‘Barbaren’ aufzuhalten, und sie sich deren militärischer Macht beugen und mit einer gewissen Ohnmacht die rapide Zunahme fremden Einflusses hinnehmen mußten. Diese Verbitterung versuchte ein junger Student namens Hung für seine Zwecke zu nützen und wiegelte das Volk auf. Der sogenannte Taiping-Aufstand, der um die Mitte des Jahrhunderts ausbrach und schließlich sogar zur Besetzung Nankings führte, war die Folge.

Im Jahre 1856 kam es zu einem erneuten Konflikt in der Provinz Kanton, dem sogenannten Lorcha-Krieg. Mit der Begründung, China habe seine Verträge nicht eingehalten, einen Schiffsflaggenstreit um das Schiff eines Hongkong-Chinesen vom Zaum gebrochen und die Hinrichtung eines französischen Missionars in Innerchina zugelassen, eröffneten das britische Empire und Frankreich gemeinsam die Feindseligkeiten gegen das Land. In den Jahren 1858 bis 1860 besetzte die aus 20.000 Mann bestehende verbündete Invasionsarmee die Taku-Forts und die Stadt Tientsin. Als die Alliierten zum Zwecke von Friedensverhandlungen 38 Offiziere an den chinesischen Hof entsandten, wurden diese verhaftet und gefoltert. Viele starben an den Verletzungen oder überlebten mit gräßlichen Verstümmelungen. Als Akt der Vergeltung wurde daraufhin die Hauptstadt Peking gestürmt – die Kaiserfamilie war aber

Reguläres chinesisches Militär (Manfred Litscher, Wien)

bereits geflüchtet –, der Sommerpalast wurde von den alliierten Truppen in Brand gesteckt, die Verbotene Stadt geplündert.

China und seine Einflußbereiche waren von nun an den Europäern und Japanern hilflos ausgeliefert, die versuchten, ihre Interessensphären in jenen Gebieten auszuweiten. Rußland hielt bereits Gebiete nördlich des Amur und die Trans-Ussuri-Region besetzt – es hatte damit eine direkte Landverbindung zu Korea gewonnen und die Mandschurei von drei Seiten umfaßt – und eroberte später auch Turkestan. Portugal wurde der Besitz von Macao bestätigt, Frankreich besetzte Annam, Cochinchina und Kambodscha, drang in den siebziger Jahren nach Norden – Tonking – vor und gewann auch Hanoi. In den achtziger und neunziger Jahren erweiterten die Franzosen ihre Position: 1887 resultierte diese Entwicklung in der Zusammenfassung der Gebiete unter französischem Protektorat zu Französisch-Indochina. Großbritannien annektierte seinerseits Nieder- und Ober-Burma.

Die chinesische Regierung war sich der militärischen Überlegenheit und der industriellen Stärke der europäischen Mächte durchaus bewußt, versuchte aber dennoch, der Gefahr zu trotzen und seine eigene Stärke wiederzuerlangen. Die Unterdrückung des Taiping-Aufstandes, der immerhin fast 15 Jahre gedauert hatte, war ein wichtiger Schritt in diese Richtung. Eisenbahnen wurden gebaut und nach der Thronbesteigung Kaiser Kuang-hsüs auch Bergwerke eröffnet. Militärisch gesehen erfuhr vor allem die Marine eine Erweiterung – Kriegsschiffe wurden in Europa angekauft, Werftanlagen in Shanghai und Futschou sowie Kadettenschulen in Tientsin und Port Arthur errichtet. Auch das Heer wurde reorganisiert und erhielt neue Ausbildungsrichtlinien.

Derart gestärkt trat China 1894 gegen den alten Erbfeind Japan an, dessen Expansionsdrang immer wieder Einfälle in das chinesische Küstengebiet zur Folge hatte. Der erste Versuch der Japaner, in Tai-

Chinesischer Militärposten bei einer Bahnstation (Aus: Oesterreichische Kronen-Zeitung, Nr. 170, 22. Juni 1900, S. 8)

wan zu landen, war allerdings fehlgeschlagen, erst 1879 hatten die Riukiu-Inseln erobert werden können. Gleichzeitig war auch versucht worden, zunächst auf dem Verhandlungswege, dann aber verstärkt mit militärischem Druck Chinas Oberhoheitsanspruch in Korea zu unterminieren. Ein Aufstand führte zur Einmischung beider Mächte und beschwor 1894 einen ernsthaften Konflikt herauf. Japans schneller Sieg offenbarte aber trotz der zahlreichen Reformversuche der chinesischen Regierung die ganze Ohnmacht des Riesenreiches, der darauffolgende Friedensvertrag bedeutete eine erneute schwere Demütigung für Peking. Japan erreichte u.a. die Unabhängigkeitserklärung Koreas, die Abtretung Taiwans, der Pescadores-Inseln und des Südteils der Liao-tung-Halbinsel mit den Häfen Port Arthur und Dairen.

Die rasche Niederlage Chinas stachelte die Rivalität unter den europäischen Mächten noch weiter an. Was nun folgte, war ein Wettlauf um Gebietspachtungen – als strategische Ausgangsbasen für weitere Gebietserwerbungen gedacht – und um Konzessionen für den Ausbau des Eisenbahnnetzes – zu Handels-, aber auch zu militärischen Zwecken. Deutschland erwies sich in dieser Hinsicht als besonders geschäftstüchtig. Obwohl sich das Deutsche Reich erst relativ spät entschlossen hatte, „am Festmahl teilzunehmen“, war es Frankreich und Großbritannien in Asien in kolonialpolitischer Hinsicht bald ebenbürtig. Die Ermordung zweier deutscher Priester in Schantung lieferte Kaiser Wilhelm II. den Vorwand, das an der chinesischen Küste gelegene Kiautschou, wo man eine Kohlestation errichten wollte, zu besetzen. Im März 1898 mußte China dieses Gebiet samt der Stadt Tsingtau auf 99 Jahre an Deutschland verpachten. Zusätzlich erhielten die Deutschen Bahnbau- und Bergbaurechte in der Provinz Schantung.

Auch Rußland war nicht untätig geblieben. Russische Truppen besetzten unter dem Vorwand, einen möglichen Zugriff der Briten auf die Liao-tung-Halbinsel zu verhindern, kurzerhand die strate-

Chinesische Artilleriekadetten (Manfred Litscher, Wien)

gisch wichtigsten Punkte dieser Halbinsel, die Häfen Port Arthur und Dairen, und zwangen China im März 1889 eine Konvention abzuschließen, der die Verpachtung der Liao-tung-Halbinsel an Rußland zur Folge hatte.

Kaiser Kuang-hsü, der im Jahre 1889 den Thron bestiegen hatte, jedoch noch immer unter der Vormundschaft seiner Tante, der Kaiserin-Witwe Tz'u-hsi, die von zeitgenössischen Journalisten boshaft als der „einzige Mann in China" bezeichnet wurde, stand, versuchte sich gegen Tz'u-hsi zu behaupten und eine Reihe von Reformen durchzuführen. Unterstützung fand er dabei bei Kang-Yu-wei, einem hochgebildeten Kantonesen und Beamten am Kaiserhof, und Weng T'ung-ho, dem Erzieher des Kaisers, die ihm ihre Reformpläne und -ideen unterbreiteten. Da es um die Staatsfinanzen im Grunde genommen schlecht bestellt war, mußten Einsparungsmaßnahmen getroffen werden, die auch die Armee betrafen, und zwar in Form einer Reduzierung der Heeresstände. Im Laufe des Jahres 1898 ergingen daher mittels Erlasses Befehle an die Gouverneure, Vizekönige und militärischen Führer, in der Armee Ständereduzierungen durchzuführen. Die Folge dieser Entlassungen war das Freisetzen einer großen Gruppe arbeitsfähiger Leute, was zu massiven sozialen Unruhen führte.

Diese problematische Situation wurde noch durch das verstärkte Auftreten von Naturkatastrophen verschärft: Trockenperioden, Heuschreckenplagen, Mißernten und Überschwemmungen. Die Folge waren Hungersnöte, vor allem in den Provinzen Schantung und Tschili, und Millionen Flüchtlinge auf der Suche nach Arbeit und Eßbarem. Der Woyang-Aufstand an der Wende zum Jahr 1899, bei dem Dörfer und Städte geplündert wurden, zeigte die Ohnmacht der chinesischen Regierung. Die Hilfsmaßnahmen, die man zu setzen versuchte, erwiesen sich als wenig effektiv, die offenkundige Unfähigkeit und Korruption der zuständigen Regierungsstellen schürten den Haß des Volkes und wiegelten es noch mehr auf.

Kuang-hsü (Aus: Staat Gottes, Jahrgang 1899/1900, Heft 4, S. 276)

Es war dem jungen Kaiser von Anbeginn seiner Regierung an nicht gelungen, seine Reformpläne durchzusetzen. Kränklich und ohne Kontakt zur Außenwelt fehlten ihm Verbündete, auf die er seine Macht hätte stützen können. Ganze 100 Tage währte daher nur sein Aufbegehren; im September 1898 stürzte ihn die Kaiserin-Witwe, nachdem sie es geschafft hatte, eine Spaltung im Lager der Reformer zu bewirken. Der junge Kaiser wurde abgesetzt, verhaftet und im Sommerpalast interniert. Nur der Intervention der europäischen Gesandten war es zu verdanken, daß Kuang-hsü nicht hingerichtet wurde. Der engste Mitarbeiter Tz'u-hsis wurde Prinz Tuan, der Anführer der fremdenfeindlichen Partei, dem es 1899 sogar gelang, seinen eigenen Sohn zum Thronfolger ernennen zu lassen. Die von Kuang-hsü erlassenen Reformen wurden wieder zurückgenommen, abgeschaffte Ämter wieder neu errichtet, moderne Schulen in den Provinzen geschlossen, fortschrittliche Zeitungen eingestellt und ihre Herausgeber verhaftet. Politische Klubs und Vereinigungen wurden streng verboten. Einige Reformer wurden verhaftet und hingerichtet, andere in die Verbannung geschickt oder aus ihrem Amt entlassen.

Reguläres chinesisches Militär (Manfred Litscher, Wien)

Zum Boxeraufstande in China. Die modernisierte chinesische Armee
(Aus: Illustrirtes Wiener Extrablatt, 29. Jg., Nr. 158, 11. Juni 1900, S. 1)

Die Armee hatte sich auf die Seite der Kaiserin-Witwe gestellt und sollte nach Intention der neuen Regierung nach dem Putsch zu einer wichtigen Stütze für diese werden: Man wollte in Hinkunft den fremden Mächten gegenüber in militärischer Hinsicht effektiver auftreten. Doch es konnte nicht verschleiert werden, daß die chinesische Armee, wohl auch bedingt durch die stark entwickelte Autonomiestellung der einzelnen Provinzen, kaum homogen bzw. einheitlich war. Und die bereits erwähnten Kriege hatten die Mängel des chinesischen Heeres deutlich zutage treten lassen. Die Soldaten waren schlecht ausgebildet, ihre Disziplin ließ trotz allen Reformeifers von seiten der chinesischen Regierung bisweilen zu wünschen übrig, die Bewaffnung war veraltet.

Am 21. November 1899 erging anläßlich der Forderungen der Italiener nach Gebietspachtungen ein Edikt der Kaiserin-Witwe an die Vizekönige und Gouverneure der verschiedenen Provinzen, in dem der Widerstandsgedanke zwar nicht offen ausgesprochen wurde, aber dennoch deutlich anklingt:

„Die gegenwärtige Lage wird von Tag zu Tag schwieriger. Verschiedene Mächte beobachten uns wie Geier und können es nicht erwarten, die ersten zu sein, die ihre Hand auf die Gebiete im Innern unseres Landes legen. Im Hinblick auf die gegenwärtige finanzielle Lage und die militärische Stärke Chinas wollen wir sicherlich von unserer Seite keinen Streit vom Zaun brechen. Aber es könnten sich Dinge ereignen, die uns zum Handeln zwingen. Sollten die starken Feinde aggressiv werden und versuchen, gewisse Vorrechte zu erzwingen, denen wir niemals zustimmen können, dann müssen wir uns auf die Gerechtigkeit unserer Sache verlassen.“[18]

Kaiserin Tz'u-hsi
(1836–1908)
kann, wie Richard Plaschka zu recht schreibt, als eine „bemerkenswerte Frau“ bezeichnet werden: Alleinherrscherin, klug und berechnend, willensstark und launenhaft, skrupellos, an der Spitze einer dünkelhaften, oft korrupten Hierarchie stehend, Symbol von jahrhundertealten, tief verankerten Herrschaftsvorstellungen.
Im Jahre 1836, vermutlich als Tochter eines Hauptmannes der Bannertruppen, geboren, wurde sie in jungen Jahren die Konkubine des Kaisers Hsieng-feng. Nach dem Tod des Kaisers regierte sie im Alter von 25 Jahren das Land für ihren Sohn (1861–1873) und nach dessen Tod für ihren Neffen Kuang-hsü (1875–1889). Wenn auch ihr Einfluß auf die Regierungsgeschäfte Chinas nicht unumstritten war und bisweilen durch die Alleinherrschaft Kuang-hsüs unterbrochen wurde, so war sie doch die treibende Kraft im Hintergrund; sie demonstrierte hinter den Mauern der Verbotenen Stadt ihre Macht und galt immer als die wahre Herrscherin, auch wenn Kuang-hsü versuchte, sich ihrem Einflußbereich zu entziehen. Nach seiner Gefangennahme übernahm die Kaiserin-Witwe nun auch offiziell die Regentschaft und beherrschte das Land bis zu ihrem Tod im Jahre 1908. Sie starb übrigens einen Tag nach Kuang-hsü, was zu Gerüchten über dessen möglicherweise gewaltsames Ableben Anlaß gab.
Ihr Nachfolger wurde der dreijährige Pu-i, der der letzte Kaiser Chinas sein sollte.

Tz'u-hsi (Aus: Staat Gottes, Jahrgang 1899/1900, Heft 4, S. 273)

Die Österreicher in China

Österreich-Ungarn hegte zwar im Gegensatz zu den anderen europäischen Mächten keine imperialistischen oder kolonialpolitischen Ambitionen in China, fühlte sich aber dennoch verpflichtet, seine Großmachtstellung auch im Fernen Osten unter Beweis zu stellen und an der militärischen Demonstration nach dem erfolgreichen Putschversuch der Kaiserin-Witwe teilzunehmen. 1898 hatten Deutschland, Großbritannien, Frankreich, Japan, Rußland, Italien, die USA und eben auch die Habsburgermonarchie Schutzeskorten nach Peking entsandt, um einerseits die Sicherheit ihrer diplomatischen Vertreter und Kaufleute zu garantieren, andererseits aber auch um ganz offen ihre Machtstellung zu demonstrieren – „Flagge zu zeigen".

Peking (Heeresgeschichtliches Museum)

Die diplomatischen Beziehungen zwischen China und Österreich begannen um 1869 mit dem Abschluß des ersten Vertrages zwischen der österreichisch-ungarischen Monarchie und dem chinesischen Kaiserreich, der die Bestellung von vier österreichischen Ministerresidenten mit Amtssitz in Shanghai zur Folge hatte, die sowohl für China als auch für Japan zuständig waren und vor allem konsularische und Handelsfunktionen ausübten. Die Chinesen machten sich ihrerseits erst gar nicht die Mühe, eine eigene Gesandtschaft in Wien zu errichten.

Erst im Jahre 1896, als der Legationssekretär Dr. Arthur von Rosthorn zum Geschäftsträger ad interim ernannt und nach Peking entsandt wurde und es die Regierung in Wien nach der chinesisch-japanischen Auseinandersetzung nicht mehr für angebracht erachtete, zwei feindliche Staaten durch ein und denselben Diplomaten vertreten zu lassen, erwog man die Errichtung einer eigenen Gesandtschaft in Peking. Um etwa 44.000 Gulden erwarb Rosthorn einen geeigneten Baugrund, und als der Gesandte

Peking. Kaiserlicher Sommerpalast, September 1900 (Heeresgeschichtliches Museum)

Moritz Freiherr von Czikann am 22. April 1897 in Peking eintraf, arbeitete man bereits an der Fertigstellung des Hauptgebäudes. Sofort begann ein formelles Tauziehen zwischen der chinesischen Beamtenschaft und dem neuen Gesandten um die Durchsetzung des Suprematsanspruches des chinesischen Kaisers. Als die Chinesen versuchten, die Stellung Czikanns protokollarisch zu mindern, legte der Gesandte seinerseits ein protziges Imponiergehabe an den Tag und wies eine Einladung des Präsidenten des Tsungli Yamen (= Gremium für Auswärtige Angelegenheiten) zurück. Die Chinesen lenkten schließlich ein, der Antrittsbesuch Czikanns beim chinesischen Kaiser wurde für den 11. Mai 1897 festgelegt.

Im Jahre 1899 stellte man im Ministerium des Äußeren erstmals Überlegungen bezüglich einer möglichen Erwerbung eines chinesischen Gebiets an, wobei die vorrangige Frage war, welcher Teil der chinesischen Küste eventuell für eine Besetzung in Frage käme. Als geeignetes Territorium wurde schließlich die Küstenstrecke Namkuan–Samsah ausgewählt, und der Gesandte in Peking in einem streng geheimen Chiffre-Telegramm davon in Kenntnis gesetzt, daß „Seiner Majestät Schiffe *Saida* und *Kaiserin Elisabeth* angewiesen (wur-

Karikatur zu der Lage der Gesandten in Peking (Aus: Kikeriki, 40. Jg., 1900, Nr. 58)

den), zu untersuchen, welche Punkte an der chinesischen Küste klimatisch und geographisch für uns als besonders geeignet erscheinen zur eventuellen Anlage einer Handelsniederlassung behufs Entwicklung unseres Exportes“[19], und diese Informationen durch eigene, möglichst unauffällige Erkundigungen zu ergänzen.

Karikatur zu der Lage der Gesandten in Peking (Aus: Kikeriki, 40. Jg., 1900, Nr. 62)

Hinsichtlich der kolonialen Bestrebungen Österreich-Ungarns gibt uns Arthur von Rosthorn einen persönlichen Bericht, der seine ablehnende Position deutlich zum Ausdruck bringt:

„Es muß hier erwähnt werden, daß auch Österreich-Ungarn darauf bedacht war, bei der Teilung Chinas nicht leer auszugehen. Das Kriegsschiff *Kaiserin Elisabeth* wurde hinausgeschickt, um die Küste abzufahren und dann geeignete Stützpunkte ausfindig zu machen. Die Gesandtschaft erhielt die Mitteilung, daß die Regierung beabsichtigte, eine ‚Handelsniederlassung' in China zu erwerben, und den Auftrag, sich mit dem Kommandanten Beck nach Abschluß seiner Reise ins Einvernehmen zu setzen und dann die geeigneten Schritte bei der chinesischen Regierung zu unternehmen. Nach dem Eintreffen Becks in China fand eine Beratung statt, zu welcher auch ich zugezogen wurde. Beck und sein erster Offizier waren für die Besetzung eines Außenpostens in der Provinz Chekiang. Da ich Bedenken äußerte, wurde der Gesandte schwankend, und es wurde beschlossen, in Wien anzufragen. Nach der Konferenz übergab ich Baron Czikann ein Memorandum, in welchem ich darlegte, daß schon in der Bezeichnung ‚Handelsniederlassung' eine Hypokrisie liege. Wir hätten zehn Vertragshäfen, wo wir unter günstigeren Verhältnissen Handel treiben könnten als in einer einsamen Bucht, wo es keine Kaufmannschaft gab. Wenn wir aber einen Flottenstützpunkt wollten, so war es notwendig, eine ständige Eskader in Ostasien zu unterhalten, auf dem Wege dahin Kohlestationen zu sichern und unsere Kriegsmarine erheblich zu verstärken. Wir baten daher um Aufklärung über die wirklichen Absichten der Regierung. Der Bericht, welchen der Gesandte hierauf erstattete, war entsprechend unsicher, und die Redewendung, 'einerseits – anderseits' wiederholte sich öfters. Die Okkupation unterblieb, aber nicht wegen unserer Berichterstattung, sondern weil die Italiener einen ähnlichen Versuch machten, der an dem Widerstand der Chinesen kläglich scheiterte. Ich war froh, daß aus der Sache nichts wurde, weil ich künftige Konflikte voraussah und mir die Chinesen leid taten."[20]

Die internationalen Detachements in Peking, um 1900 (Manfred Litscher, Wien)

Die Boxer

Über die Entstehung der Boxerbewegung ist noch wenig bekannt. Man ist sich lediglich darüber einig, daß sie zum erstenmal gegen Ende des 19. Jahrhunderts in Schantung in Erscheinung trat. Sie soll eine Art Geheimbund gewesen sein, wie es sie in China schon seit der Zeit vor Christi Geburt gab. Diese hatten oft praktische Beweggründe, immer aber waren kunstvolle Rituale und der unerschütterliche Glauben an das Magische, der sich in exotischen Zeremonien manifestierte, damit verbunden. Heute gibt es zwei grundlegende Theorien über ihre Entstehungsgeschichte.

Die ältere, von einem höheren Beamten namens Lao-hsüan stammende, besagte, daß die Boxer ein Zweig der „Acht-Diagramme"-Sekte waren. Bereits 1771 wurde einer ihrer Anführer hingerichtet. Anfang des 19. Jahrhunderts waren die Boxer in den Provinzen Schantung, Tschili und Kiangnan sehr aktiv. Als unter Kaiser Chia Ch'ing 1808 der Befehl zur Unterdrückung aller Geheimbünde gegeben wurde, gingen auch die Boxer in den Untergrund. Zehn Jahre später griff die Boxerbewegung aber erneut auf die Provinz Tschili über, auch wenn ihre Anhänger noch längere Zeit verfolgt wurden, ehe sie 1898 offen als antichristliche Bewegung auftreten konnten. Sie verteilten u.a. Handzettel in Schantung und Tschili, auf denen sie zur Ermordung der Christen aufriefen. Da sie als Feinde der Mandschu-

Eine Bande bewaffneter Boxer (Aus: Staat Gottes, Jahrgang 1899/1900, Heft 4, S. 520)

Dynastie galten, wurde ihre wachsende Popularität sowohl vom Kaiserhof als auch von der Provinzialregierung und erst recht von den deutschen Besatzungstruppen mit großem Argwohn beobachtet.

Die zweite, nicht unumstrittene Theorie stammt von George Nye Steiger[21]. Dieser behauptete, daß es sich bei den Boxern um eine Art Freischärlerbewegung gehandelt habe, die sich auf ausdrücklichen Wunsch des chinesischen Kaiserhofes rekrutiert habe. Er stützt seine Theorie auf zwei Erlässe vom 5. November und 31. Dezember 1898, die die Aufstellung lokaler Milizen anordnen. Da aber diese Milizen unter der Leitung der lokalen Behörden formiert wurden, ist die Wahrscheinlichkeit gering, daß sie mit der Boxerbewegung identisch sind, die ja von Regierungsseite zunächst bekämpft wurden. Zudem gab es diese Bewegung schon vor den Erlässen von 1898. Was jedoch als gesichert gilt, ist, daß immer wieder von seiten der lokalen Behörden und der kaiserlichen Regierung der Versuch unternommen

Boxer-Waffen

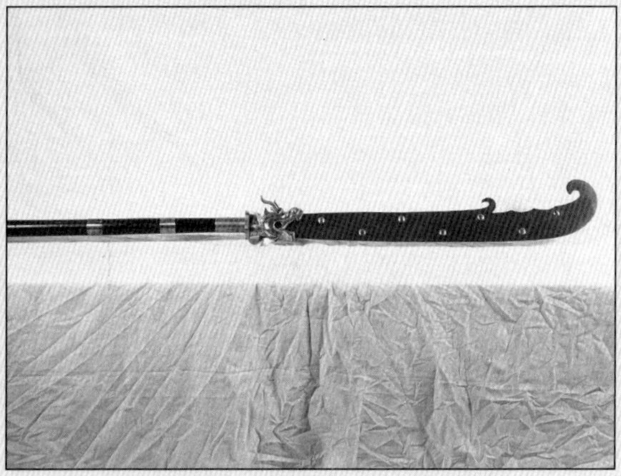

Chinesische Gleve (Heeresgeschichtliches Museum)
Länge: 248 cm. Gewicht: 5,33 kg
Gleven oder Gläven finden sich bis ins 18. Jahrhundert auch in Europa, wurden jedoch ausschließlich in Asien bis ins 20. Jahrhundert verwendet. Bei diesem Exemplar handelte es sich tatsächlich weniger um eine Kriegswaffe als um eine Art Ehrenzeichen, die den höheren sozialen Rang (Mandarinwürde) des Trägers zum Ausdruck bringen sollte

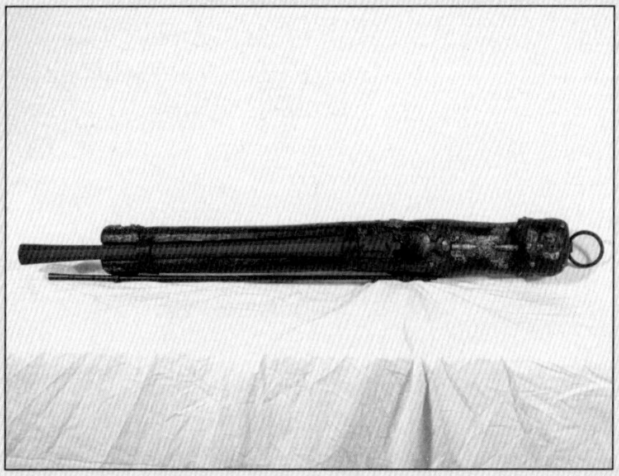

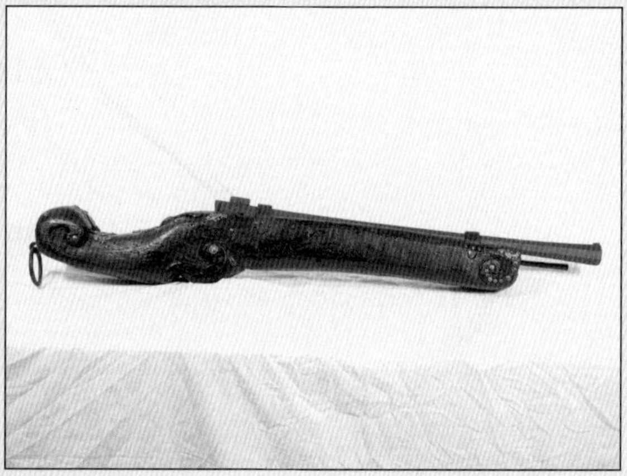

Chinesisches Feuerrohr (Heeresgeschichtliches Museum)
Gesamtlänge: 107 cm. Lauflänge: 72,5 cm. Gewicht: 8,5 kg. Kaliber: 16 mm
Dieses Stück wurde von Angehörigen der österreichisch-ungarischen Marine bei der Erstürmung der Taku-Forts erbeutet und stellt eine typische Waffe der aufständischen Boxer dar. Das bedeutend ältere Rohr aus dem 18./19. Jahrhundert dürfte mit einem improvisierten Schaft versehen worden sein, der entsprechende Luntenschloßmechanismus fehlt

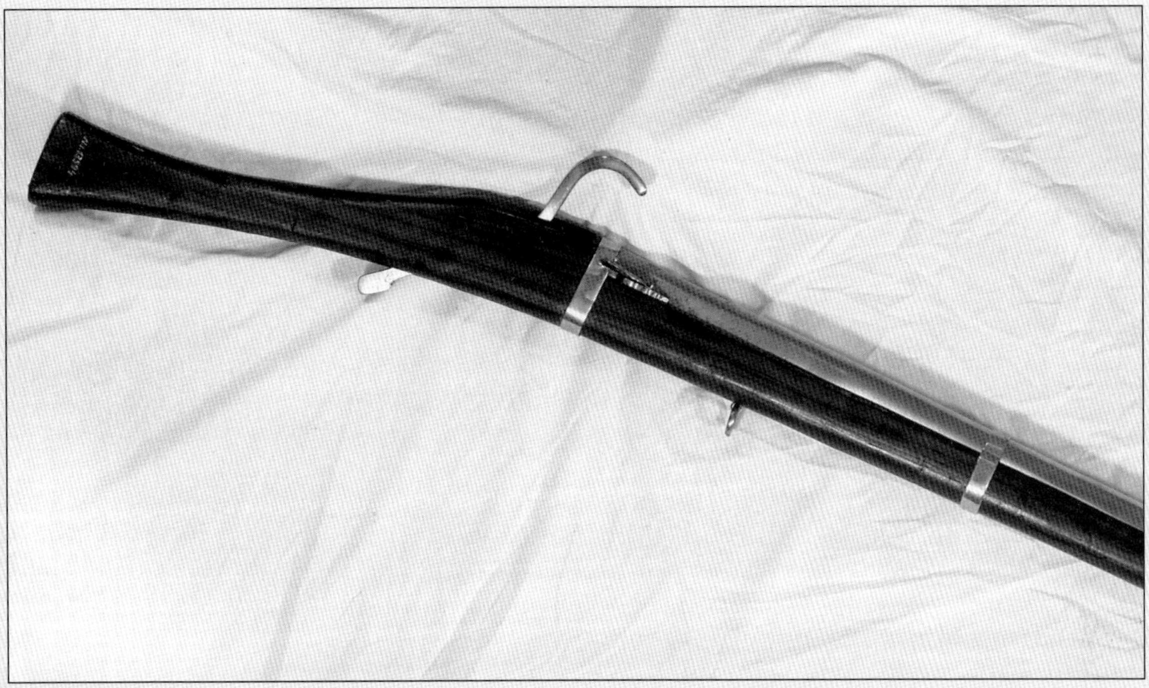

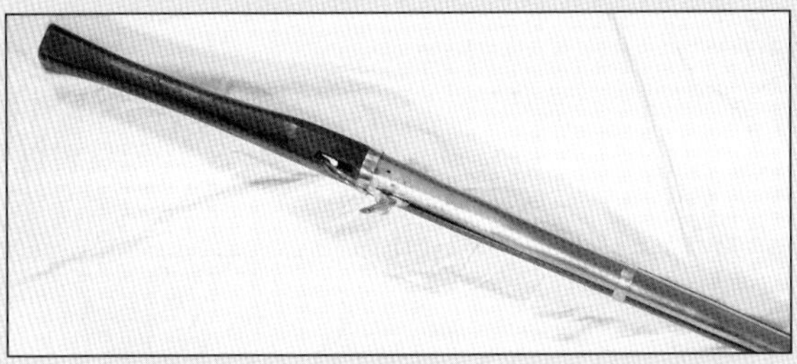

Chinesisches Wallgewehr mit Luntenschloß (Heeresgeschichtliches Museum)

Gesamtlänge: 220 cm. Lauflänge: 172 cm. Gewicht: ca. 12,3 kg. Kaliber: ca. 20 mm

Dieses sogenannte „Dreimännergewehr“ wurde von chinesischer Seite bei der Verteidigung der Taku-Forts zum Einsatz gebracht und nach gelungenem Sturm von Angehörigen der k.u.k. Marine erbeutet

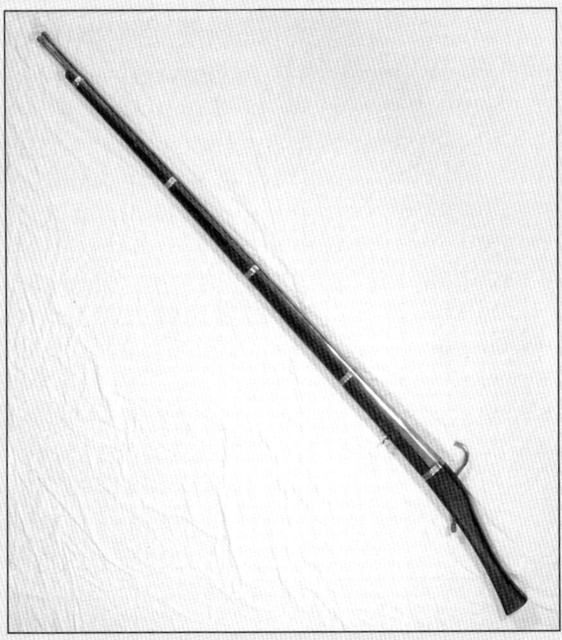

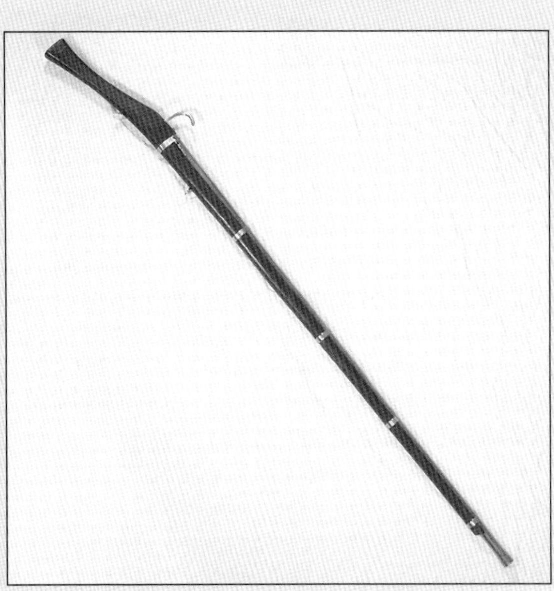

wurde, die Boxer in das Milizsystem einzubinden und damit unter ihre Kontrolle zu bringen. Allerdings scheiterte dieser Versuch wiederholt am Widerstand der Gouverneure.

Wer aber waren nun diese Boxer?

Der chinesische Name der Bewegung „I-ho-ch'üan“ wurde von den Fremden irrtümlich mit „Faustkämpfer“ übersetzt. Daraus leitete sich dann der englische Ausdruck „Boxer“ ab. Die richtige Übersetzung aber würde lauten „Fäuste der gerechten Harmonie“ oder „Faustkämpfer für Gerechtigkeit und Eintracht“. In ihrer religiösen Haltung waren sie sowohl dem Taoismus als auch dem Buddhismus verbunden; aber auch der Konfuzianismus spielte eine gewisse Rolle. Ihre Gesellschaft folgte eigenen strengen Regeln, wie etwa jener der Gehorsamspflicht bei Androhung der Strafe der Exekution und Ausrottung der Familie.

In den Reihen der Boxer fanden sich zumeist junge Männer, Bauern und Handwerker, Schüler, buddhistische Mönche, taoistische Priester, Vagabunden und Vaganten und natürlich auch jene Soldaten, die während der Herrschaft Kuang-hsüs entlassen worden oder desertiert waren. Die Organisation bestand aus Basisgruppen in den Städten und Dörfern, Tempel dienten oft als ihr Hauptquartier, freie Plätze den Kampfübungen.

Rot galt als die Farbe der Boxer – rotes Kopftuch, rote Schärpe, rote Ärmellitzen. Meist waren sie mit Messern, Speeren, Schwertern, älteren Feuerwaffen, aber auch mit Geschützen bewaffnet. Zunächst waren die Boxer vornehmlich in der Nacht aktiv; bei Tag verschwanden sie.

Die Riten der Boxer waren für die Mentalität der Chinesen mit ihrer Faszination für das Theatralische besonders beeindruckend, vor allem wenn es galt, die Fremden mit Hilfe des überlegenen chinesischen Geistes zu vertreiben. Erreicht sollte dies mit Hilfe von Halbgöttern und anderen legendären Wesen werden, an die sie ihre Beschwörungen und Zauberformeln richteten. Ein Amulett – ein gelber Papierstreifen, der ihre Unverwundbarkeit garantieren sollte – war ihre wichtigste Waffe. Der Schamane ließ bei öffentlichen Vorführungen aus einer Muskete (mit einer Manöverkartusche) auf einen Boxer schießen, der natürlich unverletzt blieb. Dies brachte ihnen die Bewunderung ihrer Gefolgsleute und ihren magischen Ruf bei den Massen ein. Die Boxer garantierten ihren Anhängern die Unverletzbarkeit gegenüber den Waffen der Fremden, und sie prophezeiten einen glänzenden Sieg über ihre Unterdrücker mit Hilfe von „acht Millionen Seelen gefallener Helden, die vom Himmel herabsteigen und das Kaiserreich säubern werden von allem Fremden“[22]. Der französische General Frey nannte dies „durch abergläubische Vorstellungen bis zur Tollheit erregt ...“[23]

In der Sprache der Boxer waren Ausländer „Teufel erster Klasse“, zum Christentum konvertierte Chinesen „Teufel zweiter Klasse“, und diejenigen, die für Ausländer arbeiteten oder mit ihnen konspirierten, waren „Teufel dritter Klasse“. Obwohl nur ein kleiner Teil der chinesischen Bevölkerung, deren Zahl sich auf immerhin rund 350 Millionen belief, jemals einen Fremden gesehen oder gar mit ihm näheren Kontakt hatte und daher vermutlich gar nicht verstand, worum es bei den Unternehmungen der fremden Mächte in ihrem Land eigentlich ging, ließen sich viele von den Vorurteilen und der Agitation ihrer Landsleute beeinflussen. Die Missionare und der wirtschaftliche Einfluß des Westens auf die Wirtschaft Chinas wurden als Sündenböcke gebrandmarkt. Ein typisches Beispiel dafür, wie die Boxer den Haß gegen die Ausländer schürten, ist der folgende Auszug aus einem Boxeredikt:

„Da die katholischen und protestantischen Religionen anmaßend gegen Gott sind, die Heiligkeit zerstören, Buddha keinen Gehorsam erweisen, Himmel und Erde rasend machen, besuchen uns keine Regenwolken mehr. Aber acht Millionen Geistersoldaten werden vom Himmel steigen und das Reich von allen Fremden reinfegen. Dann werden milde Regenschauer wieder unser Land tränken. Wenn dann der Marschtritt der Soldaten und der Klang von Stahl unserem ganzen Volk Leiden ankündigt, dann wird die buddhistisch-patriotische Gesellschaft der Boxer imstande sein, das Reich zu schützen und allem Volk Frieden zu bringen.

Beeile dich, diese Lehre nah und fern zu verbreiten, denn, wenn du einen Anhänger zu diesem Glauben bekehrst, wirst du von allem künftigen Mißgeschick verschont bleiben. Wenn du fünf Gläubige gewinnst, wird deine ganze Familie von allem Übel befreit bleiben, und wenn du zehn gewinnst, dein ganzes Dorf vor allem Unheil bewahrt. Wer keinen Gläubigen gewinnt, wird enthauptet, denn ehe nicht alle Fremden ausgerottet sind, kann uns der Regen nie wieder besuchen ...“[24]

Zur Person des Tagebuchautors: der Matrose Anton Vierheilig

Anton Vierheilig wurde 1879 geboren und lebte in Sputsch, Bezirk Chrudinsky in Böhmen. Er absolvierte drei Bürgerschulklassen, ehe er vom 5. September 1894 bis zum 31. Juli 1896 auf dem Schulschiff S. M. S. *Schwarzenberg* als Schiffsjunge eine nautische Ausbildung erhielt. Er beherrschte Deutsch, Tschechisch, Italienisch und Serbokroatisch schriftlich und mündlich für den Dienstgebrauch.

1896 wurde er in den Stand der k.u.k. Kriegsmarine aufgenommen und als Matrose I. Klasse verpflichtet. Die auf dem Schulschiff *Schwarzenberg* zugebrachte Zeit wurde nicht in die allgemeine Dienstpflicht eingerechnet, sondern mußte „nachgedient" werden.

Am 15. Mai 1897 wurde Vierheilig zum Steuermatrosen ernannt und zur 7. Matrosenkompagnie transferiert. Am 1. April 1898 erfolgte seine Beförderung zum Steuergast, im selben Jahr erhielt er die Jubiläums-Medaille. Am 1. Jänner 1900 wurde er Steuerquartiermeister und erhielt in dieser Funktion die Silberne Tapferkeitsmedaille 1. Klasse für seine Leistungen während des Boxeraufstandes. Gegen Ende desselben Jahres wurde er zum Steuermaat befördert und im Jahre 1901 zum Tragen der Armstreifen für längerdienende Unteroffiziere berechtigt.

Am 9. Mai 1901 erhielt Anton Vierheilig die Kriegs-Medaille.

Mit 21. Dezember 1901 wurde er dauernd beurlaubt und mit 31. Dezember desselben Jahres in die 1. Seewehr übersetzt, Ende 1906 bzw. Ende 1907 erfolgte seine Übersetzung in die 2. bzw. 3. Seewehr, ehe er schließlich 1908 aus dem Verband der k.u.k. Kriegsmarine entlassen und in den Landsturm überstellt wurde.

Auch die zentrale Figur unseres Buches, der Tagebuchschreiber Anton Vierheilig, machte sich in den ersten Eintragungen in sein Tagebuch Gedanken über die Boxerbewegung:

Die chinesische Bevölkerung teilte sich in zwei politische Teile.
Jene, welche auf der Seite der Kaiserin standen, die die Europäer aus China verjagen wollten und dem Christentum feindlich gesinnt waren, die ihre alten Gebräuche und Sitten weiter fortführen wollten; diese waren die Rebellen, sogenannte Boxer, und wurden nach und nach der Schrecken in ganz China. Schon vor zwei Jahren wurden einige Sekten der Chinesen beobachtet, wie sie sich im Exerzieren, Schießen, Turnen, Bogenschießen, Fechten etc. übten, gewandt in allem, unterstützt im Geheimen von der chinesischen Regierung. Sie zogen zu Tausenden herum, mordend und plündernd, alles in Brand steckend, von einem Dorf ins andere, um überall Schrecken zu verbreiten, nachdem sie zuerst jedem chinesischen Bewohner einer Stadt oder eines Dorfes Drohbriefe zusandten. Wenn sie nicht binnen kurzer Zeit das Dorf verließen oder sich nicht unterwarfen, wurden sie getötet.
Die zweite Partei, jedenfalls die kleinere, bestand meistens aus Kaufleuten und solchen Küstenbewohnern, die mit den Europäern häufig in Berührung kamen und die von ihnen Interessen zogen. Sie unterwarfen sich den europäischen Sitten und Gebräuchen und bekehrten sich zum Christentum. Hierdurch wurden sie zu den größten Feinden der Boxer. Tatsache war es, daß die Nordchinesen mit den Südchinesen in einem fortwährenden Konflikt lebten und sich furchtbar haßten.

Seine ersten näheren Kontakte zu den Boxern verliefen nicht ganz reibungslos:

Eine englische Patrouille erwischte einen Boxer, der mit einem großen Krummsäbel bewaffnet war, dessen Griff rot umwickelt war. Der Boxer selbst war blau angezogen, mit Ausnahme der Kopfbedeckung und des Gürtels, die aus blutrotem Tuch waren. Als man ihn fing, gab er auf die Frage, was er ist, mittels Handzeichen höhnisch zur Antwort, daß er das Kopf- und Handschneidewerk betreibe, und fuhr mit der Hand über die erwähnten Körperteile, indem er dabei grausam grinste. Erbost darüber erschlugen wir ihn sofort auf der Stelle und warfen ihn auf eine Böschung, damit jeder von weitem den Leichnam sehen konnte.

Im Oktober 1899 setzten die Boxer erstmals gezielte Aktionen, indem 300 ihrer Anhänger Häuser von zum christlichen Glauben konvertierten Chinesen plünderten. Das erste „weiße" Opfer war der in Schantung tätige englische Missionar Reverend S. M. Brooks, der am 31. Dezember 1899 beim Versuch, seinen Verfolgern zu entfliehen, niedergemetzelt wurde. Nach scharfen diplomatischen Protesten befahl die Kaiserin-Witwe Tz'u-hsi die Bestrafung der lokalen Beamten und die Hinrichtung der Hauptverantwortlichen. Zwei Boxer wurden daraufhin hingerichtet, ein weiterer erhielt für die Beihilfe zum Mord eine lebenslängliche Freiheitsstrafe. Etwa zehn Tage später jedoch forderte die Kaiserin-Witwe ihre Untertanen auf, zwischen „guten" und „schlechten" Mitgliedern der Boxerbewegung zu unterscheiden, wobei natürlich jene als „gut" galten, die der Dynastie ergeben waren und sie anerkannten. Zudem hielt sie ihre Beamten dazu an, nicht zu scharf gegen die Aufständischen vorzugehen – ein Affront gegenüber den ausländischen Mächten. Die „milde" Politik gegen die Boxer beruhte sicher auch auf der Tatsache, daß die Kaiserin-Witwe den Fanatismus dieser Bewegung, der ihr aufgrund ihrer ausländerfeindlichen Parolen einen großen Zulauf von durchaus loyalen Bürgern gebracht hatte, nun für ihre Zwecke nützen wollte. Für die Dynastie war es Rettung in letzter Minute, daß sich der Haß der Boxer, der sich anfangs auch gegen das Kaiserhaus selbst richtete, nun nur mehr gegen die Fremden wandte. Wann es zu diesem Gesinnungswandel kam, ist nicht festzustellen. Gesichert scheint jedoch die Tatsache, daß viele hochgestellte Persönlichkeiten bei Hof mit den Boxern sympathisierten, ja sie sogar förderten. Vor allem der bereits erwähnte Prinz Tuan brachte den Boxern große Sympathien entgegen und dürfte auch die Kaiserin umgestimmt haben. Auf seine Veranlassung empfing Tz'u-hsi jedenfalls eine Abordnung von Boxern im Winterpalast, ließ sich deren Exerzitien vorführen und beschenkte sie dann auch noch.

Weitere Protestnoten von seiten der Gesandten der westlichen Mächte an den chinesischen Hof Ende Jänner und Anfang März 1900 blieben unbeantwortet. Statt dessen wüteten die Aufständischen in den Provinzen Schantung und Tschili. Überall gab es kleinere und größere Scharmützel. Zum christlichen Glauben konvertierte Chinesen wurden massakriert, deren Häuser niedergebrannt, Kirchen und Kapellen zerstört. Infolgedessen wurden ihnen zwar Regierungstruppen entgegengestellt, doch ohne Erfolg, denn selbst als die Boxer einen Befehlshaber der Regierungstruppen töteten, konnte man sich nicht dazu durchringen, gegen sie vorzugehen und hart durchzugreifen. Nun aber gab es für die Rebellen kein Halten mehr. Sie richteten ihre Angriffe vornehmlich gegen Eisenbahnen und Telegraphenleitungen, die sie als Symbole ausländischer Ausbeutung ansahen. Als Provinzbeamte aufgrund dieser Aktionen vehement die Unterdrückung des Aufstandes forderten, der Vizekönig schließlich den Ernst der Lage erkannte und der Tsungli Yamen eindringlich ersuchte, Truppen zu schicken, war es bereits zu spät. Die Boxer näherten sich unaufhaltsam Peking. Tausende Mitglieder der Bewegung trieben sich bereits in der Hauptstadt herum, versammelten sich in den Pagoden, marschierten durch die Straßen und beschmierten die Mauern mit Aufrufen zum Massaker an den „fremden Teufeln".

Die daraus resultierenden internationalen Verwicklungen gaben der ganzen Angelegenheit eine neue Wendung.[25]

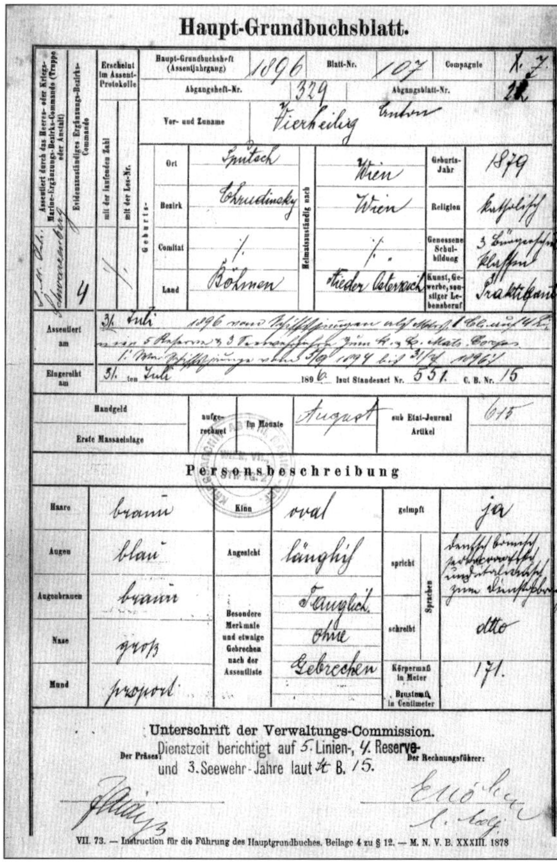
Haupt-Grundbuchsblatt.
Haupt-Grundbuchsheft (Assentjahrgang) 1896 | Blatt-Nr. 107 | Compagnie
Abgangsheft-Nr. 329 | Abgangsblatt-Nr.
Vor- und Zuname: Vierheilig Anton
Geburts- Ort: Spitsch | Bezirk: Chrudimsky | Comitat: / | Land: Böhmen
Heimatszuständig nach: Wien | Wien | / | Nieder Österreich
Geburts-Jahr: 1879 | Religion: katholisch | Genossene Schulbildung | Kunst, Gewerbe, sonstiger Lebensberuf: Praktikant
Assentiert am: 31. Juli 1896
Eingereiht am: 31. ten Juli 1896 laut Standesact Nr. 551. C. B. Nr. 15
Handgeld / Erste Massaeinlage | aufgerechnet | im Monate August | sub Etat-Journal Artikel 615
Personsbeschreibung
Haare: braun | Kinn: oval | geimpft: ja
Augen: blau | Angesicht: länglich | Sprachen spricht
Augenbrauen: braun | Besondere Merkmale und etwaige Gebrechen nach der Assentliste: Tauglich ohne Gebrechen | schreibt: dtto
Nase: groß | Körpermaß in Meter: 171.
Mund: proport. | Brustmaß in Centimeter
Unterschrift der Verwaltungs-Commission.
Der Präses: | Der Rechnungsführer:
Dienstzeit berichtigt auf 5. Linien-, 4. Reserve- und 3. Seewehr-Jahre laut B. 15.
VII. 73. — Instruction für die Führung des Hauptgrundbuches. Beilage 4 zu § 12. — M. N. V. B. XXXIII. 1878

Haupt-Grundbuchsblatt des Tagebuchautors Anton Vierheilig (Österreichisches Staatsarchiv/Kriegsarchiv)

Die Seymour-Expedition

Nachdem die fortwährenden Unruhen in China den dort ansässigen Europäern und Legationen gefährlich, viele Missionare getötet und verjagt wurden, und den Gesandtschaften in Peking bei Einbüßung ihres Lebens gedroht wurde, die Stadt zu verlassen, wurde auf Übereinkommen des englischen Admirals Seymour mit den internationalen Schiffskommandanten beschlossen, vorläufig Detachements nach Tientsin und Peking zu senden, um daselbst die Konsulate und Europäer zu beschützen und die Ruhe herzustellen.

In Peking und Tientsin war es zwar Ende Mai noch ruhig, aber die Bahnlinie zwischen den beiden Städten war vom 28. bis zum 30. eben dieses Monats unterbrochen gewesen. Zudem waren die ausländischen Bahnbediensteten von den ausschwärmenden Scharen der Boxer vertrieben und deren Häuser dem Erdboden gleichgemacht worden. Auch die Telegraphenstationen wurden zerstört. Obwohl die Gesandten in Peking die chinesische Regierung aufgefordert hatten, sofortige Maßnahmen zu ergreifen, reagierte der Hof in Peking zunächst zögernd. Zum Schutz der Eisenbahnlinien wurden chinesische Truppen entsandt, die aber in der Folge scharenweise zu den aufständischen Boxern übergingen.

Zum Schutz der Gesandtschaften und deren Bewohner beschlossen die Gesandten in einer Konferenz am 28. Mai 1900, Gesandtschaftswachen von den Kriegsschiffen vor Taku für Peking anzufordern. Während die Admirale sofort ihre Unterstützung zusagten, hatte die chinesische Regierung große Bedenken gegen die massive Stationierung fremder Truppen in der Hauptstadt. Auf Drängen der Gesandten gestattete der Tsungli Yamen schließlich die Entsendung von Schutzdetachements; er ersuchte jedoch, die Kontingente auf 20 bis 30 Mann pro Nation zu beschränken.

Eine Tagebucheintragung Vierheiligs weist ebenfalls auf die kritsche Lage in Peking hin:

Nachdem die Telegraphen und die Eisenbahnlinien zerstört waren, so verblieb man ohne jeweilige Antwort und Nachricht von Peking. Da nun jedes der an der chinesischen Küste im Gelben Meer weilenden Kriegsschiffe ihrer Gesandtschaft unterstand, man sich aber mit ihnen nicht verständigen konnte, so wandten sich alle an die Regierungen in Europa, um nähere Befehle zu erhalten. Von den Regierungen kam, nachdem man dieselben von der drohenden Lage verständigt hatte, die Antwort, man möge der eigenen Ansicht nach handeln.

Zwischen der österreichischen Gesandtschaft und dem k.u.k. Ministerium des Äußeren herrschte in jener Zeit ein reger Telegraphenverkehr. Am 29. Mai etwa teilte Artur von Rosthorn mit, daß alle Mächte wegen neuerlicher Gewalttaten Detachements landeten, und ersuchte um telegraphische Ermächtigung und direkte Weisung an S. M. S. *Zenta*, die sich in unmittelbarer Umgebung befand.

Während das Hauptkontingent der Schutzdetachements bereits am 31. Mai in Peking eingetroffen war, war die *Zenta* erst am frühen Morgen des 2. Juni nach einer Fahrt von fast sieben Monaten vor Taku angelangt. Am 10. November 1899 hatte S. M. S. *Zenta* unter dem Kommando des Fregattenkapitäns Eduard Thomann Edler von Montalmar Pola verlassen und über Port Said, Suez, Aden und Colombo am 3. Jänner 1900 Singapur erreicht, wo man sich 14 Tage aufhielt. Danach waren Besuche in Hongkong und Macao, Swatau und der Insel Amoy gefolgt, um daraufhin die wichtige Handelsmetropole Shanghai anzulaufen. Von dort aus waren Anfang April 1900 Kreuzungen im Golf von Petschili vorgenommen und Tsingwangtau und Tsingtau besucht worden. Nach einer Fahrt im Yangtse, welche die *Zenta* bis Hankau geführt und an der auch der k.u.k. Konsul Pisko teilgenommen hatte, war man am 12. Mai 1900 Richtung Japan ausgelaufen. Nachdem die Häfen von Nagasaki, Kagoshima und Sasebo besucht worden waren, hatte die *Zenta* aufgrund der sich verschärfenden Lage in Peking und des

Eskadre des internationalen Expeditionskorps in China (Heeresgeschichtliches Museum)

Tientsin (Heeresgeschichtliches Museum)

Ersuchens Rosthorns die telegraphische Anweisung erhalten, sich unverzüglich zur Peiho-Mündung zu begeben, um ein Matrosendetachement zur Sicherung der österreichisch-ungarischen Gesandtschaft auszuschiffen. 30 Mann der Besatzung unter Linienschiffsleutnant Josef Kollař waren zur Landung bereitgestellt. Diese konnte jedoch erst am Morgen des 3. Juni und mit Hilfe des Tenders *Peiho* erfolgen und wurde durch den hohen Seegang stark behindert. Da Rosthorn telegraphisch um eine Unterredung mit dem Kommandanten der *Zenta* ersucht hatte, begleitete Fregattenkapitän Eduard Thomann Edler von Montalmar gemeinsam mit Linienschiffsleutnant Theodor Ritter von Winterhalder – in Zivil, um nicht zu großes Aufsehen zu erregen – das Detachement. Gemeinsam mit dem deutschen Detachement von der *Augusta* erfolgte die Einwaggonierung in Tangku. Nach einer mehrstündigen Fahrt traf das Detachement gegen fünf Uhr nachmittags in der österreichischen Botschaft ein.

Im Tagebuch Vierheiligs finden wir zu diesen Ereignissen ebenfalls eine Eintragung, allerdings zeitlich um einen Tag verschoben. Außerdem dürfte die Mannschaft von der Mission Thomanns nicht genau unterrichtet gewesen sein, wie eine weiter unten angeführte Bemerkung schließen läßt:

Am 4. Juni 1900 wurde ein 32 Mann starkes Detachement unter der Leitung des Herrn Linienschiffsleutnant Joseph Kollař, den Herren Seekadetten Thomas Mayer und Richard Baron von Boyneburg-Lengsfeld zum Schutze der österreichisch-ungarischen Legation, eventuell auch österreichischer Untertanen nach Peking gesandt. Herr Fregattenkapitän Thomann Edler von Montalmar, der Kommandant S. M. Schiff *Zenta*, und Linienschiffsleutnant Ritter von Winterhalder, Artillerieoffizier auf S. M. S. *Zenta*, begaben sich zu gleicher Zeit nach Peking. Ob nun auf Befehl des Gesandten, oder wollten die Herren die Hauptstadt Chinas sehen, war unbekannt. Aber bestimmt war es, daß die Reise des Herrn Kommandanten schlecht folgten (!) zurückgelassen hatte.

Die Unterredung zwischen Rosthorn und Thomann dürfte positiv verlaufen sein. Denn nachdem die Eisenbahnverbindung erneut unterbrochen war und sich der Schutz von seiten der Chinesen als mangelhaft erwiesen hatte, forderten die Gesandten die chinesische Regierung neuerlich eindringlich auf, Maßnahmen zu treffen, um die Bahnverbindung wiederherzustellen. Sollte dies nicht geschehen, so zog man ein gemeinsames Vorgehen der Landungstruppen der vor Taku liegenden Flotte in Betracht. Während die Vertreter der übrigen fremden Mächte aber erst an ihre Regierungen um Erlassung einschlägiger Weisungen an die Admirale telegraphieren mußten, einigten sich Rosthorn und Thomann umgehend darauf, ein möglichst starkes Kontingent von der *Zenta* zu detachieren, das dem ranghöchsten Befehlshaber zur Verfügung stehen sollte. Rosthorn sandte daraufhin dem Ministerium des Äußeren am 4. Juni ein Telegramm mit folgendem Wortlaut:

„Europäischer Missionar ermordet ...

... eine Kosakeneskorte angegriffen ...

... Bahnverkehr Tientsin eingestellt. Diplomatisches Corps beschloß an alle Regierungen zu telegraphieren ...

... Eskaderkommandanten ermächtigen im Falle daß Hauptstadt blockiert und Kommunikation gestört ...

... gemeinsame Schritte zum Entsatze unternehmen. Ich habe mit ‚Zenta' eventuelle Kooperation vereinbart."[26]

An die *Zenta* ging an eben jenem 4. Juni folgender telegraphischer Befehl ab:

„Linienschiffs-Lieutenant Indrak, 2 Seecadetten, 70 Mann zu eventuellem Entsatz Pekings bereit machen und ranghöchstem Befehlshaber zur Verfügung stellen."

Bereits am folgenden Tag konnte der Gesamtdetailoffizier Linienschiffsleutnant Guido Kottwitz Edler von Kortschak dem ranghöchsten Befehlshaber, dem englischen Vizeadmiral Sir Edward Seymour, mitteilen, daß auf der *Zenta* 75 „Combattanten" zur sofortigen Landung bereitstünden.

Auf Anregung Seymours traten noch am selben Tage die Flaggoffiziere und selbständigen Schiffskommandanten zu einer Beratung auf dem englischen Flaggschiff *Centurion* zusammen. Folgende Richtlinien für ein gemeinsames Vorgehen wurden beschlossen:

1. Die Mission der Schiffe und ihrer Befehlshaber ist friedlicher Natur. Zweck der Mission ist der Schutz von Leben und Eigentum ihrer Konnationalen.
2. Diese Schutzfunktion richte sich zur Zeit ausschließlich gegen die Boxer, die als Rebellen sogar die chinesische Regierung unter Druck zu setzen schienen, nicht jedoch gegen die chinesische Regierung selbst.
3. Sollten die Rebellen sich stärker als die Regierung erweisen, werde es im Sinne der Schutzfunktion notwendig sein, die Regierung in der Aufrechterhaltung von Frieden, Gesetz und Ordnung soweit möglich zu unterstützen. Sollte die Regierung überhaupt untätig bleiben, sei auch ohne deren Mithilfe zu handeln.
4. Sämtliche Schritte dürften nur im Einvernehmen mit den „respektiven Gesandten" und, da die Interessen der Fremden allgemein bedroht seien, im gegenseitigen Zusammenwirken der Befehlshaber erfolgen.
5. Könne das Einvernehmen mit den Gesandten im Falle der Einschließung Pekings nicht hergestellt werden, so seien die Heimatbehörden direkt zu kontaktieren; nur in sehr ernsten und dringlichen Fällen sei auch selbständig, nach vorheriger gemeinsamer Absprache vorzugehen.

Bordkapelle von S. M. S. *Zenta*, Nanking, 6. Mai 1900 (Manfred Litscher, Wien)

Eisenbahnstation in Tientsin samt Barrikaden (Heeresgeschichtliches Museum)

Weiters wurde festgelegt, daß das britische Schiff *Centurion* als Nachrichtenzentrale fungieren sollte, und auch die Anzahl der bereits dislozierten Truppen festgehalten: 429 Mann und 21 Offiziere – Briten, Russen, Franzosen, Amerikaner, Japaner, Deutsche, Italiener und Österreicher – befanden sich in Peking, 441 Mann in Tientsin. Nach ungefähren Schätzungen konnten noch weitere 961 Mann ausgeschifft werden.[27]

Am 6. und 7. Juni gingen die Detachements schließlich nach Tientsin ab, darunter auch das bereits erwähnte österreichische unter Linienschiffsleutnant Johann Indrak.

Am 6. Juni bekamen wir Befehl, uns bereit zu machen, um am 7. Juni nach Tientsin abzugehen. Der ganze Tag wurde dazu verwendet, um Proviant, Munition etc. vorzubereiten und die Leute kriegsmächtig auszurüsten. Am 7. Juni, um fünf Uhr früh, schifften wir uns am Tender *Peiho* ein und fuhren nach Taku. Wir waren 75 Mann stark und standen unter der Leitung des Linienschiffsleutnants Indrak und der Seekadetten Edgar Leschanovsky, Erich Prochaska und Rudolf Burgstaller. In Taku verblieben wir nur kurze Zeit und fuhren dann mit der Bahn nach Tientsin ab.

Obwohl sich Vierheilig nur kurz in Taku aufhielt, konnte er doch in seinem Tagebuch eine zwar kurze, aber interessante Beschreibung des Ortes geben:

Taku ist nicht groß, die meisten Häuser sind aus Lehm erbaut und halb zerfallen. Mit Ausnahme einiger europäischer Häuser und des Arsenals, ferner der Magazine und neben den Anlegeplätzen Dampfer verschiedener Nationen fand man kein gut erhaltenes Gebäude. Die Bevölkerung ist europäisch und chinesisch. Etwas Großartiges war die Befestigung Taku [= die sogenannten

Taku-Forts – Anm. d. Hg.]; bei der Mündung des Peiho ins Gelbe Meer liegen rechts und links drei hochmoderne Forts, deren Geschütze die ganze Land- und Meeresseite bestreichen konnten.

Während der Bahnfahrt nach Tientsin und des Aufenthalts in der Stadt erwies sich Vierheilig als aufmerksamer Beobachter:

Der Fluß Peiho ist bis zu einer gewissen Strecke fahrbar, doch können kleinere Schiffe ihren Weg bis nach Tientsin hinauf nehmen. Die Fahrt dauerte circa zweieinhalb Stunden bis nach Tientsin. Die Gegend war meist flach, unbebaut und sumpfig. Millionen von Heuschrecken bedeckten den Boden, und alles wurde von ihnen kahlgefressen. Die ganze Zeit über war es sehr heiß gewesen, daß man es kaum aushalten konnte. Beim Passieren der Station Chulichiang stürzte ein Chinese, als er abspringen wollte, so unglücklich, daß er tot liegen blieb. Gegen Mittag langten wir in Tientsin an, wo uns internationale Truppen der Sicherheit wegen erwarteten. Sodann marschierten wir nach unserem Bequartierungsgebäude, welches im südwestlichen Teil des Europäischen Stadtviertels in der Taku Road gelegen war. Selbiges gehörte einem Engländer namens Isborne [= Osborne – Anm. d. Hg.] und war ein Fabriksgebäude für Wolle und Felle. Wir richteten uns, so gut es ging, ein, und ruhten den ganzen Tag aus. Während dieser Zeit besichtigte ich die Stadt. Diese zählt mit Ausnahme der Europäer über 900.000 See-

Stab S. M. S. *Zenta* (Manfred Litscher, Wien)

Tientsin mit Peihofluß (Heeresgeschichtliches Museum)

len.[28] Die Häuser sind meist klein, aus Schilf und Lehm erbaut, daher ist die Stadt ungeheuer groß an Ausdehnung. Im europäischen Stadtviertel findet man nach einem südlichen Stil erbaute Häuser, die mit lustigen Balkons versehen sind. Hübsche, breite, reine und gerade Straßen ziehen sich durch die Stadt, links und rechts von Bäumen umsäumt. Ganz Tientsin ist ringsherum mit einem Wall umgeben und noch zusätzlich durch einen Wassergraben geschützt. Die eigentliche alte Chinesen-Stadt ist von einer enormen Mauer umgeben, die riesig hoch und circa acht Meter breit ist. Selbige besitzt mehrere Eingänge, die mit schweren eisernen Türen versehen sind. Außerhalb der Mauer, gegen Norden zu, befindet sich dicht am Peiho liegend das Cyti-Fort, welches sehr stark befestigt ist.

Rechts von Tientsin an der Bahn gelegen liegt das kolossal große Ostarsenal und im Hafen innerhalb des Walles das Westarsenal. Im europäischen Stadtviertel, links vom Peiho, liegt die chinesische Kriegsschule und am rechten Ufer die Universität. In der Stadt herrschte reges Leben und Verkehr. Der Handel war riesig groß, wo man hinsah, lauter Felle und Wolle, Seide und Stickereien etc. Vergessen hatte ich noch zu erwähnen, daß, als wir ankamen, in der Nähe der Station chinesische Kulis scharenweise auf einer Bambusstange eine Unzahl verschiedener Arten von Gewehren und Waffen trugen. Wo sie diese hintrugen, wußte ich nicht, aber mir ging doch der Gedanke nicht aus dem Kopf, daß bald etwas losbrechen werde. Jeder chinesische Soldat betrachtete uns feindlich, und auch viele andere Chinesen. Abends begab ich mich in unser Quartier, wo schon der Posten und der Patrouillendienst bestimmt worden waren. Wir unterhielten uns noch bis gegen Mitternacht und begaben uns dann zur Ruhe. Gegen zwei Uhr wurden wir alarmiert, da mehrere Kanonenschüsse in der Richtung der Universität gehört wurden. Wir legten uns aber wieder nieder, da es nichts Besonderes war.

Da mit einem sofortigen Abgang nach Peking vorderhand nicht zu rechnen war, übernahmen die Detachements einen Teil der Verteidigungsaufgaben der Stadt selbst. Allerdings war die Zahl der Verteidiger zunächst gering – am 11. Juni belief sich deren Zahl auf etwa 1130 Mann; erst drei Tage später traf dann mit einem russischen Kontingent von etwa 1800 Mann eine willkommene Verstärkung ein. Dem Schutz der Österreicher wurde ein Teil der am Peiho gelegenen Fremdenniederlassung sowie ein etwa ein Kilometer langes Stück des Walles anvertraut. Linienschiffsleutnant Indrak hatte den britischen Konsul W. R. Carels besucht und sich seinen Instruktionen gemäß beim rangältesten britischen Offizier gemeldet.

Am folgenden Tag, dem 8. Juni, trafen schließlich auch die Deutschen ein. Somit lag eine ganz erkleckliche Anzahl von Kriegsschiffen an der Reede vor Anker. Die Briten waren mit sechs, die Russen und Franzosen mit je vier, die Deutschen mit drei, die Italiener mit zwei, die Amerikaner, Japaner, Chinesen und die Österreicher mit je einem Schiff vertreten. Am Peiho-Fluß lagen noch zwei russische, ein britisches, ein deutsches und ein japanisches Kanonenboot sowie vier chinesische Torpedozerstörer.

Gegen Mittag kam die Nachricht, daß im Westen von Tientsin 20.000 Boxer liegen, die heute oder morgen nacht Tientsin angreifen sollten. Es wurden nun alle Vorsichtsmaßregeln getroffen und der Wall im Westen von den internationalen Truppen besetzt. Da nun in Tientsin laut Nachricht um die 300.000 Boxer wohnten, tagtäglich Zusammenrottungen von Chinesen auf den Straßen stattfanden, die chinesischen Diener und Hauskulis sich öffentlich weigerten, zu arbeiten, und sich mit Drohungen aus dem Staub machten, wurden Straßenpatrouillen ausgesandt und Posten auf den Straßen aufgestellt, um die Ruhe wiederherzustellen. Um acht Uhr abends durfte sich kein Chinese mehr im europäischen Stadtviertel sehen lassen, widrigenfalls wurde er verhaftet. Sollte ein Chinese, Diener etc. passieren, so müßte er einen Paß bei sich führen und eine Laterne in der Hand tragen.
Um halb sieben Uhr abends wurde die Wache am Wall aufgestellt. Ein Posten in der Nähe des Paalinfu-Tores, der zweite bei einem Durchbruch des Walles, der dritte bei einer Wendung und schließlich der vierte nahe beim englischen Posten ebenfalls bei einem Durchbruch und einer kleinen Brücke, die über den Wallgraben führte. Vom Tor bis zur Universität, also bis zum Taku-Tor, hatten die Deutschen den Wall besetzt. Es war eine mondhelle Nacht, ruhig, und nur hier und da hörte man Gewehrschüsse. Mehrere internationale Runden [= Patrouillen – Anm. d. Hg.] passierten ohne Neuigkeiten. Um zehn Uhr hörten wir mehrere Schüsse, darunter einige Kanonenschüsse südwestlich der Stadt und gegen drei Uhr in der Nähe des Westarsenals.
Sonst verlief die Nacht ruhig.

Die Nachricht, daß 300.000 „Boxer" in Tientsin wohnen würden, ist wohl als übertrieben anzusehen. Offiziellen Schätzungen zufolge belief sich deren Zahl auf etwa 10.000; doch mag es sicher eine weitaus höhere Zahl an Sympathisanten in der Stadt gegeben haben. Die Lage war jedenfalls sehr ernst. In einer Offizierskonferenz am 9. Juni 1900 wurde beschlossen, die Detachements in Tientsin weiter zu verstärken. Armierte Dampfbarkassen – je eine britische, deutsche und französische – sollten die Flußüberwachung innerhalb des Stadtgebietes übernehmen. Man konnte sich aber nicht auf einen gemeinsamen Oberbefehlshaber für die Stadt einigen. Der vom französischen Konteradmiral Courrejolles vorgeschlagene russische Militärbevollmächtigte in China Oberst Wogak konnte sich nicht durchsetzen.

Am Abend desselben Tages berief der Doyen des Konsularkorps, der französische Generalkonsul Comte du Chaylard, alle seine Kollegen und die Detachementkommandanten zu einer dringenden Besprechung zu sich, in deren Verlauf der britische Konsul Carels eine dringende Depesche aus Peking, die auch Admiral Seymour gegen elf Uhr abends durch den 'flagg captain' des britischen Geschwaders, Captain John Jellicoe, zugestellt worden war, vorlas:

„Hiesige Situation äußerst ernst; wenn nicht Anstalten zu einem sofortigen Vorgehen auf Peking getroffen werden, ist es zu spät." (Abschrift eines Telegramms von der britischen Gesandtschaft in Peking an den britischen Oberbefehlshaber)

An Deck S. M. S. *Zenta* in China 1900/01 (Privatsammlung)

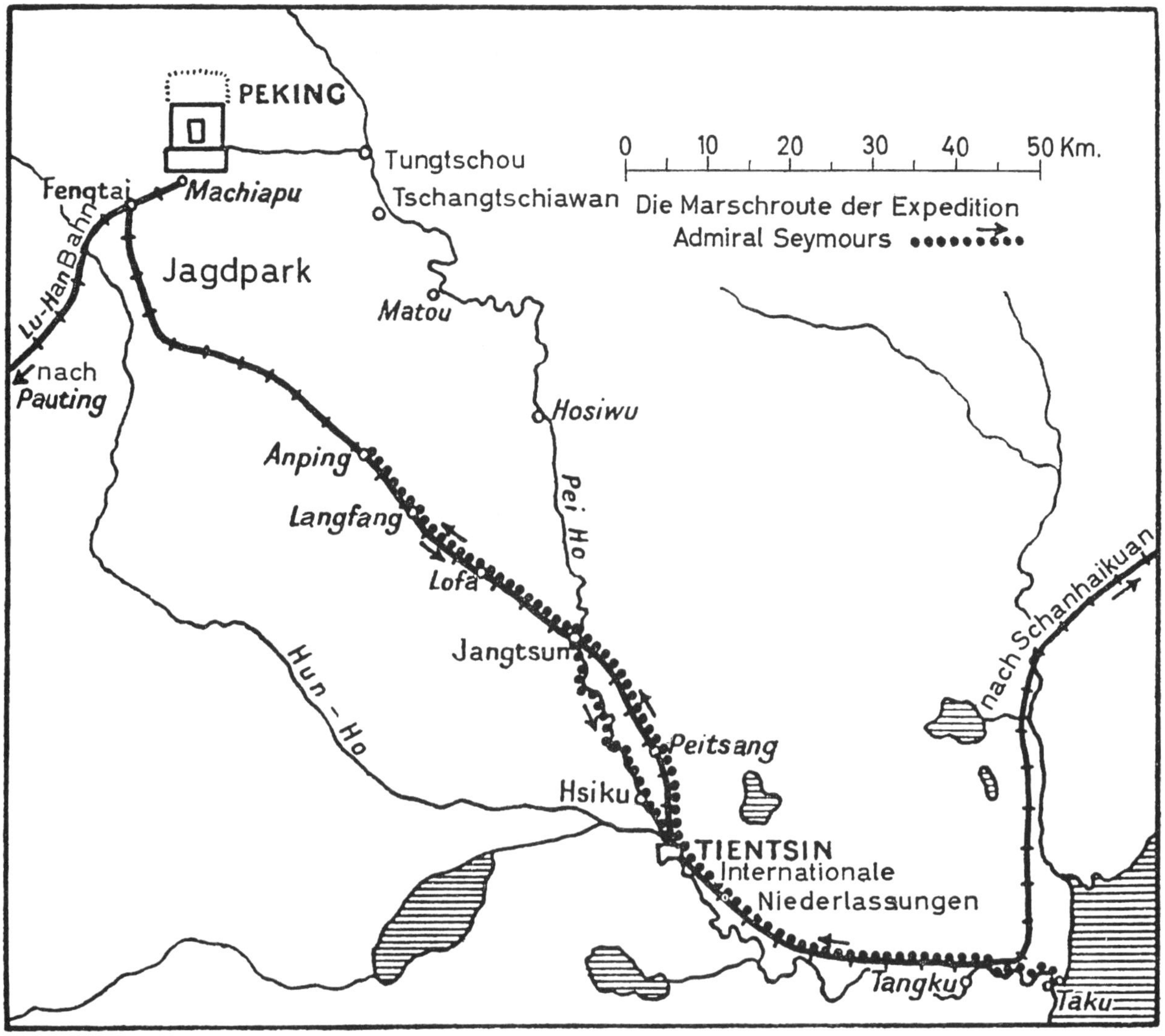

Die Marschroute der Expedition Admiral Seymours (Aus: Fleming, Die Belagerung zu Peking, S. 68).

In Peking war also die Hölle los. Zu der kritischen Lage für die Gesandten und alle in der Stadt lebenden Fremden gibt uns der deutsche Gesandte Baron Clemens von Ketteler einen sehr treffenden Stimmungsbericht:

„Nachdem jede Reiseverbindung zwischen hier und der Küste abgeschnitten und die Hauptstadt von den aufrührerischen Banden der Boxer umzingelt war, die außerhalb der Tore Pekings befindliches Missionseigentum wie ein dem Fremdenklub gehöriges Sommerhaus in Brand steckten und Ausländer auf den Landwegen wie in den Straßen der Stadt attackierten und seitdem auch die telegraphische Verbindung mit den auf Taku-Reede liegenden Chefs der fremden Geschwader abgeschnitten wurde, schien der Augenblick gekommen, in welchem die hiesigen diplomatischen Vertreter den Befehlshabern der maritimen Streitkräfte die Maßregeln zur Entsetzung Pekings, d.h. zur Befreiung der hier lebenden Fremden überlassen zu müssen glaubten.“[29]

Ketteler zählte dann übrigens zu einem der ersten Opfer des Aufstandes in Peking; doch davon wird später noch die Rede sein. In dieser kritischen Situation war nun schnelles Handeln gefragt. Carels schlug vor, am folgenden Morgen Truppen mit der Bahn nach Peking zu schicken, da eine Rekognoszierung der Strecke ergeben hatte, daß die Schäden am Bahnkörper weit geringer waren als ursprünglich angenommen. Trotz einiger Bedenken entschloß man sich, Verstärkungen für die Legationswachen nach Peking zu entsenden, darunter auch 25 Mann der *Zenta* unter Seekadett Prochaska.[30]

Knapp nach Mitternacht ließ Seymour das obenerwähnte Telegramm an die Kommandanten aller Nationen übergeben, dem er folgende Erklärung beifügte:

„Euer Exzellenz,
Ich habe soeben obiges Telegramm erhalten, daß mich meines Erachtens zwingt, sofort zu handeln. Ich bin daher im Begriff, alle verfügbaren Mannschaften so schnell als möglich in der Nacht zu landen und werde voraussichtlich selbst noch vor Tagesanbruch folgen. Ich hoffe selbstverständlich, daß Sie sich imstande fühlen, ebenso zu verfahren und in Übereinstimmung mit mir zu handeln.

Ihr ergebener
E. H. Seymour,
Vizeadmiral."[31]

Für Vierheilig verlief dieser 9. Juni weniger spektakulär:

Um sechs Uhr früh hatten wir den Wallposten eingezogen. Unser Bequartierungsgebäude stand weit außerhalb der Stadt, in der nächsten Nähe zum Wall. Im Falle einer feindlichen Überschreitung des Walles drohte uns größte Gefahr, entweder überfallen oder niedergebrannt zu werden. Hinten wurden Doppelposten aufgestellt, die im Fall einer feindlichen Annäherung von dieser Seite Alarm zu schlagen hatten. Vorne beim Tor von der Straße stand ebenfalls ein Posten. Dann waren noch starke Tages- und Nachtpatrouillen bestimmt. Um sechs Uhr nachmittags hatten wir wieder die Wache am Wall aufgestellt. Um circa elf Uhr nachts meldeten sich bei mir 15 Matrosen als Verstärkung, da in der Nacht der Angriff seitens der Chinesen erfolgen sollte. Um zwölf Uhr hörten wir ungemein viele schwere und dumpfe Kanonenschüsse und ganze Schwarmsalven von Gewehren. Um dieselbe Zeit wurde ich auch abgelöst und begab mich in die Kaserne. Auf dem Wege dahin wurde ich einige Male angeschossen, ohne jedoch getroffen zu werden.

Nach seiner Rückkehr in die Kaserne erhielt er schließlich den Abmarschbefehl nach Peking:

Kaum in der Kaserne angelangt, bekam ich Order, mit 25 Mann unter Herrn Kadetten Prochaska um fünf Uhr früh marschbereit zu sein, um sechs Uhr zum Bahnhof zu marschieren.

Am folgenden Morgen wurden nun die für Peking bestimmten Marinetruppen einwaggoniert, was anscheinend nicht ganz ohne Schwierigkeiten abging:

Da mit dem heutigen Tag das Ultimatum abgelaufen war und die chinesische Regierung nichts getan hatte, um den Boxerbewegungen Einhalt zu gebieten, beschloß Admiral Seymour, 1400 Mann nach Peking zu entsenden, um die Europäer in Peking zu verstärken und zu entsetzen. Um acht Uhr, nachdem wir uns mit schwerer Mühe der Züge bemächtigen konnten, fuhren wir von Tientsin ab gegen Peking.

Noch am Bahnhof hatte der Oberbefehlshaber Vizeadmiral Seymour Linienschiffsleutnant Indrak zu sich bitten lassen, um ihm seinen Dank für die Teilnahme des österreichischen Detachements auszusprechen.

Das gesamte Expeditionskorps bestand zunächst aus drei Zügen, dem 1871 Mann, darunter 915 Briten, 512 Deutsche, 112 Russen, 111 Amerikaner, 99 Franzosen, 54 Japaner, 42 Italiener und 26 Öster-

Exerzieren österreichisch-ungarischer Matrosen in Tientsin (Manfred Litscher, Wien)

reicher-Ungarn, angehörten. Später kam noch ein vierter Zug mit 200 Russen und 58 Franzosen hinzu. Zehn Maschinengewehre und sieben Geschütze standen zu ihrer Verfügung. Chinesische Eisenbahnarbeiter ergänzten die Entsatztruppe. Der jeweils ranghöchste Offizier führte im Zug das Kommando. Die Österreicher befanden sich gemeinsam mit den Amerikanern, Briten und Italienern im ersten Zug, der bereits am Morgen abfuhr; die anderen Züge folgten am Nachmittag bzw. am Morgen des nächsten Tages. Seekadett Prochaska erhielt sogar von Seymour die Einladung, in dessen Salonwagen mitzufahren; er lehnte jedoch dankend ab und begründete dies damit, daß er in der Nähe seiner Matrosen bleiben wolle.

Die Ausrüstung der Truppen war sehr unterschiedlich; einige, darunter auch die Österreicher-Ungarn, verfügten nur über wenig Proviant, andere hatten nur wenig Munition mitgenommen. Schließlich war man in Seymours Stab der Ansicht, daß es sich nur um eine Fahrt von wenigen Stunden handeln würde, und einige allzu optimistisch Gesinnte nahmen an, daß es eine friedliche Reise ohne Kämpfe und Auseinandersetzungen und ohne lange Märsche werden würde. Welch trügerische Hoffnung!

Vor der Abfahrt waren noch kritische Stimmen hinsichtlich des Transportes der Truppen mit der Eisenbahn laut geworden. Der russische Militärbevollmächtigte in Peking, Oberst Wogak, warnte eindringlich davor, wobei er seiner festen Überzeugung Ausdruck gab, daß Peking infolge der umfangreichen Zerstörungen am Bahnkörper nicht mit der Eisenbahn erreichbar sei. Er hielt es daher für ratsamer, die Ankunft eines in den nächsten Tagen aus Port Arthur eintreffenden russischen Truppentransporters, bestehend aus einem Schützenregiment, einer Halbbatterie Feldartillerie und einem Zug Kosaken, abzuwarten. Man hatte sich aber über die Bedenken Oberst Wogaks hinweggesetzt, da man der Ansicht war, daß die gemeldeten Schäden an Bahnkörper, Geleisen und Brücken mit Hilfe von Pionieren sowie den chinesischen Bahnarbeitern leicht behoben werden könnten, ohne daß es zu größeren Verzögerungen käme. Das russische Detachement sollte schließlich, wie bereits erwähnt, zu einer willkommenen Verstärkung für die sich in Tientsin befindlichen Verteidiger werden.

Lager des österreichisch-ungarischen Interventionskorps (Heeresgeschichtliches Museum)

Da man nicht wußte, wie weit die Strecke zwischen Tientsin und Peking unterbrochen war, so wurden ganze Wagenladungen von Schienen, Schwellen und sonstigen Materialien mitgenommen; auch wurden der Sicherheit wegen, vorne auf den vordersten Waggons, Kanonen installiert und Matrosen mit schußbereitem Gewehr aufgestellt, die die Aufgabe hatten, falls der Feind Miene machen sollte, uns anzugreifen, ihn abzuwehren. 29 km fuhren wir, ohne anzuhalten, bis zur Station Yangtsun. Hier verweilten wir solange, wie die Arbeiten auf der Brücke dauerten. Einige Schwellen waren von den Boxern zur Gänze verbrannt worden. Links und rechts lagerten die chinesischen Truppen des Generals Nye. Gegen Mittag setzten wir uns wieder in Bewegung. Nun ging es langsam vorwärts, jeden Moment mußten wir anhalten und die Strecke reparieren. Unter einer zweiten Brücke fanden wir vier gräßlich verstümmelte Leichname von Chinesen, die in Verwesung waren. Bei einer dritten Brücke, deren Reparatur mehrere Stunden kostete, mußten wir übernachten.

Posten und Zelt des österreichisch-ungarischen Detachements (Heeresgeschichtliches Museum)

Soldaten des englischen (indischen) Detachements (Manfred Litscher, Wien)

Nicht einmal bis nach Lofa war man also gekommen, und schon hinderten die ersten größeren Schäden die Truppen an der Weiterfahrt. Die Arbeiten würden sich doch länger hinziehen, einen längeren Aufenthalt mit sich bringen, der die ganze Nacht über dauern sollte. Nun rächte sich bereits der allzu große Optimismus, wie auch Vierheilig in seinem Tagebuch niederschrieb:

Genachtmahlt hatten wir nichts, da wir nur für zwei Tage Proviant mitführten, und nicht wußten, wie lang die Fahrt noch andauern würde. Um acht Uhr wurden 1000 Meter rings um alle fünf (!) Züge Doppelposten in dreifachen Linien aufgestellt. Es war eine stockfinstere kalte Nacht. Ich sprach gerade mit dem Matrosen I. Klasse Puljar über die Heimat, als gegen elf Uhr auf einmal mehrere Schüsse fielen, und kurz darauf der furchtbar erklingende Ruf durch die lautlose Nacht erscholl: Alarm! Als wenn der Teufel hinter uns her wäre, ergriffen wir unsere Gewehre und stürmten auf die Waggons zu. Daselbst angelangt, nahmen wir sofort kampfbereit Aufstellung. Jedoch nichts rührte sich; alles war ruhig wie zuvor. Täuschte sich der Alarm-Rufer oder sollte es doch wahr sein? Aber nichts von alledem. Es blieb alles ruhig. Daher wurden von Neuem alle Posten bezogen. Die Nacht verlief ruhig ohne weitere Störung.

Am folgenden Morgen sollte es dann weitergehen. Die Fahrt mußte aber nach einer kurzen Strecke in der Station Lofa wieder unterbrochen werden, um neuerlich eine zerstörte Brücke zu reparieren.

Vierheilig bemerkte hierzu:

Noch vor der Abfahrt wurde in dem naheliegenden Dorf furagiert. Um sechs Uhr morgens fuhren wir weiter und hielten nach zehn Minuten wieder an. Eine englische Patrouille erwischte einen Boxer, der mit einem großen Krummsäbel bewaffnet war, dessen Griff rot umwickelt war. Der Boxer selbst war blau angezogen, mit Ausnahme der Kopfbedeckung und des Gürtels, die aus blutrotem Tuch waren. Als man ihn fing, gab er auf die Frage, was er ist, mittels Handzeichen höhnisch zur Antwort, daß er das Kopf- und Handschneidewerk betreibe, und fuhr mit der Hand über die erwähnten Körperteile, indem er dabei grausam grinste. Erbost darüber erschlugen wir ihn sofort auf der Stelle und warfen ihn auf eine Böschung, damit jeder von weitem den Leichnam sehen konnte. Als die Strecke bis zur Station Lofa fertig war, fuhren wir bis zur Station und verblieben einige Zeit hier, um Wasser für die Lokomotiven aufzunehmen. Hier zeigte sich schon der Mangel an Trinkwasser, und wir mußten sparen, um auszukommen. Um die Strecke zu beschützen und aufrecht zu erhalten, wurden 50 Deutsche und Engländer dazu bestimmt, in Lofa zurückzubleiben, und danach verproviantiert. Die Engländer faßten wieder einen Boxer, der ebenfalls erschossen wurde. Scheinbar war die Gegend voll von Boxern, denn wo man hinsah, bemerkte man in der Ferne Menschen, die uns beobachteten. Um elf Uhr vormittags fuhren wir wieder weiter. Während dieser Zeit wurde öfters angehalten. Wir aßen ein paar selbst am Feuer geröstete Hendln, da nichts anderes da war, um den ganzen Tag auszuhalten. Herr Kadett Prochaska wurde zum Herrn Admiral gerufen.

Admiral Seymour machte sich also die Wartezeit zunutze, um sich mit den führenden Offizieren der Landungskorps zu beraten. Das Ergebnis wurde dann mittels eines Rundschreibens bekanntgegeben. Darin wurde die Notwendigkeit betont, daß zur Aufrechterhaltung der Ordnung und Disziplin für alle Nationen gültige Bestimmungen getroffen werden müßten. Ziel bzw. Zweck der Operation sollte folgender sein:

1. Die Eisenbahnverbindung mit Peking wiederherzustellen, die Gesandten und die Interessen der Mächte in der Stadt zu schützen.
2. Die chinesische Regierung in der Bekämpfung des Aufstandes zu unterstützen sowie Ruhe und Frieden im Lande wiederherzustellen.

Ferner wurden genaue Einzelbestimmungen ausgegeben:

1. Der älteste Offizier eines jeden Eisenbahnzuges, einerlei, welcher Nation er angehört, ist als dessen Befehlshaber anzusehen; alle Anordnungen, die seinen Zug betreffen, werden an ihn gerichtet.
2. Zur Sicherung der Züge während der Nacht und des Aufenthaltes am Tage sind Feldwachen und Posten nach einem allgemeinen Plan aufzustellen. Den Mannschaften ist es untersagt, die Postenketten zu überschreiten.
3. Zur Sicherung der rückwärtigen Verbindung werden auf sämtlichen Stationen Etappenkommandos zurückgelas-

Englische (indische) Truppen während des Boxeraufstandes im Jahre 1900 (Heeresgeschichtliches Museum)

sen, die der Reihe nach von allen Nationen zu stellen sind. Die Briten, weil am zahlreichsten, beginnen.

4. Die Wasserversorgung der Mannschaften und der Maschinen geschieht auf Anweisung des Befehlshabers jedes Eisenbahnzuges oder des ältesten anwesenden Befehlshabers.
5. Ein Signalsystem für Hornsignale und Signale mit der Dampfpfeife zum Alarm, Ausschiffen und Einschiffen wird bekanntgegeben.[32]

Teil des russischen Kontingents (Manfred Litscher, Wien)

Und wie Vierheilig richtig bemerkte, wurde auch beschlossen, in der Station Lofa ein 30 Mann starkes britisches Detachement des Kreuzers *Endymion* unter Lieutenant Colomb zurückzulassen. Sie sollten dort eine Verteidigungsstellung ausbauen, die den Namen „Fort Endymion“ erhalten sollte. Über ein zurückgelassenes deutsches Detachement war in der zur Verfügung stehenden, auch deutschen Literatur nichts zu finden. Anton Vierheilig dürfte hier die Aufgabe eines Zuges der *Hansa*-Kompanie mißverstanden haben, die während des Aufenthaltes für die Besorgung von Wasser, Holz und Strohmatten aus den naheliegenden Dörfern zuständig war.

Am Nachmittag des 11. Juni kam es schließlich zum ersten größeren Zusammenstoß mit den Boxerbanden. Vierheilig, der direkt in diese Kämpfe verwickelt war, liefert uns hier eine anschauliche Darstellung der Ereignisse:

Um circa zwei Uhr nachmittags hielten wir bei einer Biegung der Strecke in einem Walde. Eine Abteilung Engländer wurde ausgesandt, um die Strecke zu rekognoszieren, wie weit sie zerstört war. Kaum außer Sicht gekommen, hörten wir auf einmal ein starkes Schnellfeuer aus Gewehren. Es wurde sofort Alarm geblasen, und wir rückten schnell aus in die Richtung, von wo man die Schüsse hörte. In Schwarmlinien unter Deckung drangen wir vor und erreichten so eine Anhöhe, von der wir den Gefechtsort erblicken konnten. Der Feind lag circa 100 Meter uns gegenüber in einem Dickicht, von dem er uns mit Pfeilen beschoß. Rechts von uns, kaum 50 Meter entfernt, lag die ausgesandte Kompanie Engländer, die ein lebhaftes Plänkelfeuer auf den Feind unterhielten. Wir errichteten nun ein rasendes Schnellfeuer gegen die Chinesen und gingen sodann mit Hurra in Sturm über. Daraufhin flüchteten die meisten Boxer und wurden einige Zeit von uns verfolgt, bis sie außer Sicht kamen. Auf den Kampfplatz zurückgekehrt, fanden wir 20 tote und sieben schwer verwundete Boxer vor, die beinahe ganz zerschossen waren. Letztere wurden zum Train gebracht. Von den Unseren war Gott sei Dank keiner verwundet. Immerhin konnte es gefährlich werden für uns, wenn wir von einem Pfeil getroffen oder nur gestreift worden wären, da sämtliche Pfeile vergiftet waren. Auf weiteren Befehl rückten wir gegen ein zwei Meilen entfernt von der Bahnstrecke liegendes großes Dorf vor. Die Züge fuhren uns langsam nach. Vor dem Dorfe angekommen, verteilten wir uns und drangen von drei Seiten vor. Jedes Haus wurde visitiert; wo die Türen verrammelt waren, wurden sie aufgebrochen, Fenster wurden eingeschlagen und zuletzt in Brand gesteckt. So gelangten wir bis zur nordwestlichen Seite des Dorfes, ohne einen Boxer zu finden. Einige Häuser lagen noch vor uns, welche von einem quer durch das Dorf laufenden Kanal geteilt waren. Da eine halbzerfallene kleine Brücke nur langsam Mann für Mann die Passage erlaubte, so wollten wir nun kehrtmachen, da wir annahmen, daß sich auch in diesen Häusern niemand aufhalten würde. Ein Russe wollte aber trotzdem hinüber, um nachzusehen, und machte sich daran, die Brücke zu überschreiten, als auf einmal einige Pfeile daherschwirrten. Haha, dachten wir uns, hier haben sich die Schufte versteckt. Ein paar Schüsse surrten ins Wasser hinein und hinüber und in die Häuser, und weg waren die Kerle, in der Ferne sahen wir sie noch laufen und schossen ihnen ein paar Mal nach, ohne jedoch zu treffen. Wir kehrten wieder zurück, steckten aber vorher noch das ganze Dorf in Brand. Der Aussage eines verwundeten Boxers nach sollten sich in der Umgebung mehrere Tausend von ihnen aufhalten, von denen ein Teil beritten war.

Lager des internationalen Interventionskorps (von links die russische, englische und japanische Flagge) (Heeresgeschichtliches Museum)

Die Briten und die Deutschen hatten die Hauptlast des Angriffes getragen. Während erstere vorwärts stürmten, schwärmten die Kompanien der *Hansa* und der *Gefion* gegen mehrere rechts vom Bahndamm gelegene Dörfer aus; die Kompanie der *Hertha* folgte ihnen kurze Zeit später und kam gerade noch rechtzeitig, um die ersten beiden Kompanien gegen einen heftigen Angriff der Boxer zu unterstützen. Die Österreicher befanden sich unmittelbar hinter den Engländern, mitten im Kampfgeschehen. Obwohl sich die Boxer zurückgezogen hatten, war Admiral Seymour mißtrauisch und erbat sich von den Deutschen und Österreichern Unterstützung beim Nachtsicherungsdienst, da seine Männer durch die Ausbesserungsarbeiten an den Bahngleisen und das Gefecht vollkommen erschöpft waren:

Noch am Abend wurden wir ausgesandt und durchstreiften die ganze Nacht die Gegend, ohne jedoch etwas Neues zu finden. Die Nacht war mondhell und frostig, starker Tau fiel, als wenn es regnete.

Lager der Interventionstruppen (Heeresgeschichtliches Museum)

Auch am folgenden Morgen, dem 12. Juni 1900, präsentierte sich die Situation nicht wesentlich besser. Trotz angekündigter, aber erst am Nachmittag eingetroffener Nachschublieferungen neigte sich der Proviant rasch zur Neige. Von den einzelnen Nationen wurden Arbeitstrupps abgestellt, die während des ganzen Tages Reparaturen an den Gleisen durchführten. Die Arbeiten gingen aber nur sehr langsam und schleppend vor sich:

Um sechs Uhr morgens wurden alle Posten eingezogen und Lagerfeuer errichtet. Wir kochten etwas Einbrennsuppe, damit wir wenigstens etwas Wärmeres im Magen hatten, als wir ganz erfroren und müde vom Streifzug zurückkehrten. Die Arbeit ging langsam vonstatten, da viele Schienen herausgerissen waren. Um zehn Uhr fuhren wir endlich weiter und hielten nach drei Meilen Fahrt in der gänzlich zerstörten Station Langfang an. Da die Strecke bis Auling ganz zerstört war, so mußten wir hier in der Station liegen bleiben. Links und rechts vom Gleis gegen Auling standen zwei Wassertürme, die etwas demoliert waren, da die Chinesen höchstwahrscheinlich keine Zeit gehabt hatten, sie vollends zu zerstören. Proviant war mit einem Zug von Tientsin angekommen, von dem wir schon ängstlich glaubten, daß er nicht passieren könne und daß die Boxer vielleicht zwischen Yangtsun und Lofa die Strecke zerstört hätten. Aber glücklicherweise war es nicht der Fall. Die Russen brannten ein nebenliegendes Dorf nieder. Zwei Kuriere – Chinesen – wurden nach Peking gesandt mit der Nachricht, daß wir bald kommen sollten. Die Posten wurden aufgestellt und Lagerfeuer angezündet. Gegen zehn Uhr abends erloschen allmählich die Feuer, und es wurde stockfinster. Todesstille lag über der Natur, kein Säuseln eines Blattes, kein Geräusch eines Tieres störte dieselbe, nur hie und da vernahm man in der Ferne das klägliche Geheul eines Hundes. Wie lauschten da die Posten bei jedem kleinsten Geräusch, strengten ihre Augen an, um das Dunkel zu durchdringen, und jeden Moment fuhr der Finger zum Abzug, um klar zum Schießen zu sein und Alarm geben zu können. Es war jedoch alles ruhig, und die Nacht verlief ohne jeglichen Vorfall.

Lager der Interventionstruppen (Heeresgeschichtliches Museum)

Die von Vierheilig angesprochene Zerstörung der Wassertürme sollte zu einem ernsten Problem für das Detachement werden. Denn der Versuch, etwa die Maschine des deutschen Zuges durch das Herbeischaffen von Wasser aus einem fast zwei Kilometer entfernten Brunnen zu versorgen, erwies sich letztendlich als viel zu aufwendig und zeitraubend. Der vierte Zug mit den Russen und Franzosen wurde daher nach Yangtsun, jener der Deutschen (Nummer 3) nach Lofa zurückgeschickt, um Wasser zu fassen. Während erstere das Glück hatten, auf eine noch relativ unversehrte Leitung zu stoßen, mußten sich die Deutschen erneut der in der Nähe befindlichen Brunnen bedienen. Doch auch diesmal waren ihre Anstrengungen vergeblich, und so entschloß man sich, die Lokomotive jenes Zuges, der den Proviant gebracht hatte, gegen jene des Zuges 3 auszutauschen. Beim Rangieren entgleisten jedoch vier Güterwaggons und konnten erst nach mehrstündiger Arbeit und mit tatkräftiger Mithilfe der aus Yangtsun zurückkehrenden Russen wieder auf die Schienen gestellt werden.

Lager der Interventionstruppen (Heeresgeschichtliches Museum)

Gegen vier Uhr nachmittags rief Admiral Seymour die führenden Offiziere erneut zu einer Besprechung zusammen, in der er den Ernst der Lage hervorhob und militärische Maßnahmen, die vor dem Eintreffen in Peking zu treffen seien, erörterte. Beratungen bezüglich einer möglichen Verstärkung des Detachements ergaben, daß sich alle Offiziere einstimmig dafür aussprachen, zunächst von einer Verstärkung abzusehen, da diese erst dann sinnvoll wäre, wenn die Bahnlinie in Richtung Peking fast zur Gänze wiederhergestellt und die Verbindung mit Tienstin nicht unterbrochen sei. Letzteres glaubte man durch die Besetzung der Stationen Langfang und Lofa in ausreichendem Maße gesichert zu haben. Die Deutschen verzichteten sogar auf eine ihnen angebotene Verstärkung um 25 Arbeiter und einige Geschütze.

Eine abendliche Rekognoszierung der Bahnstrecke in Richtung Anting durch ein britisches Detachement von 30 Mann und einem Offizier ergab dann aber, daß die Zerstörungen viel schlimmer waren als ursprünglich angenommen. Der Bahndamm war stellenweise abgegraben, die Schienen verbogen und den Damm hinuntergeworfen oder überhaupt gleich weggeschleppt und die Brücken zerstört worden. Aufgrund der unvorhergesehenen Schwierigkeiten mußte sich das Detachement daher auf einen längeren Aufenthalt in Langfang – mindestens zwei bis drei Tage – und eine Besetzung der Station einrichten. Admiral Seymour ersuchte daraufhin die Deutschen, die Besetzung der Station zu übernehmen, woraufhin die Kompanie der *Gefion* mit zwei Maschinengewehren zum Stationsgebäude beordert wurde:

Eine Kompanie Deutsche bereitete sich auf die Einquartierung vor, indem sie, so weit es ging, auf der Station einige bewohnbare Zimmer einrichteten. Auf dem noch halb erhaltenen Turm des Stationsgebäudes hatten sie eine Schnellfeuerkanone kleinen Kalibers aufgestellt.

Für Vierheilig und seine Kameraden aber ging dieser Tag mit den tags zuvor begonnenen Reparatur- und sonstigen Arbeiten weiter. Die Stimmung war ob der ungewissen Situation nicht gerade die beste:

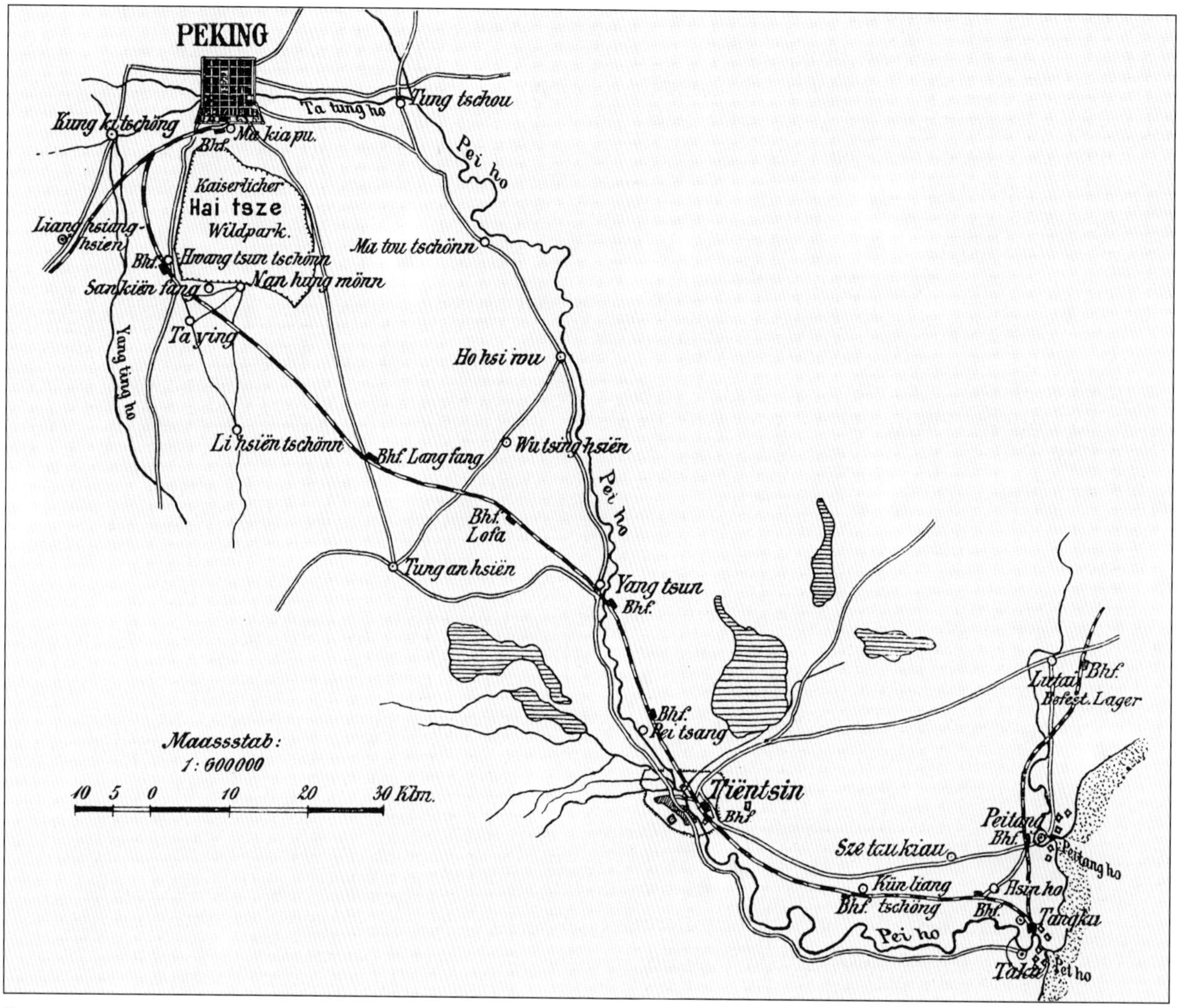

Übersichtsskizze des Kriegsschauplatzes zwischen Taku und Peking (Aus: Alfred von Müller, Unsere Marine in China, Berlin [1901], S. 38)

Den ganzen Tag arbeiteten wir an den Gleisen und dem Niederreißen von Häusern. Wie groß war unsere Enttäuschung, als wir erfuhren, daß wir noch circa 14 Tage nach Peking hatten, weil eine Brücke gänzlich zerstört war und man zu deren Reparatur keine Materialien habe, um sie wiederherzustellen, und diese erst von Tientsin kommen mußten. Abends wurden wieder Posten aufgestellt und die Nacht verlief so wie gestern.

Der folgende Tag jedoch sollte die Eintönigkeit der vergangenen Tage vergessen lassen. Zwar hatte man immer wieder vereinzelt auftauchende Boxerbanden beobachtet, diese jedoch nicht als ernstzunehmende Gefahr betrachtet. Wie gefährlich die Boxerbewegung aber wirklich war, zeigte sich nun im Verlauf des 14. Juni, als es zu einem völlig unerwarteten Überfall der Aufständischen kam. Das österreichisch-ungarische Detachement war an den Kämpfen unmittelbar beteiligt:

Um fünf Uhr morgens wurden die Posten bis auf einige, und zwar die unseren, die sich in der Nähe der Lokomotive aufhielten, wieder eingezogen. Da das Wasser sehr schlecht war, mußten wir es zuerst kochen. Alle Mann waren beschäftigt. Hier wurde Wasser getragen, dort schleppten wieder einige geschäftig Holz herbei, andere kochten ihr Frühstück, während die meisten von dem naheliegenden Dorf unter Gelächter Schweine, Eseln, Hühner etc. herbeischleppten. Überall herrschte reges Leben. Das Wetter war heiter, und da schon seit zwei Tagen Ruhe war, ging jeder ohne Waffen umher, und niemand dachte an einen Überfall seitens der Boxer. Dieses rege Leben wurde auf einmal durch einen markerschütternden Hilferuf und furchtbares Geheul in beinahe unmenschlichen Tönen unterbrochen. Einige hundert Boxer stürmten hinter vier italienischen Matrosen her, die in wahnsinniger Angst gegen die Lokomotive liefen, gerade, wo unsere Posten standen. Im ersten Moment entstand eine Verwirrung zwischen uns, doch kam jeder gleich zur Besinnung und eilte zu den Waffen. Unsere Posten schlugen Alarm und riefen den Italienern zu, sie mögen ihren Lauf ändern, damit sie schießen können, sonst könnten sie getroffen werden. Wir eilten sofort zur Verstärkung unserer Posten herbei. Wie gehetzte Rehe jagten sie auf uns zu, verfolgt von der wilden heulenden Meute, und duckten sich immer, wenn wir riefen, daß wir schießen wollten. Vergebens änderte Matrose Puljar seine Stellung, um schießen zu können; es war nicht möglich. Drei Italiener stürzten mit unzähligen Sichel- und Lanzenstichen tot zu Boden, während der vierte mit letztem Kraftaufwand dem Tode zu entfliehen versuchte. Sechs Mal setzte er [Puljar – Anm. d. Hg.] an, um den Tod von ihm abzuwehren, aber umsonst, denn wenn er geschossen hätte, hätte er ihn sicher getroffen. Auf einmal stolperte der Arme, mein Freund Puljar schoß drauf los, aber ohne zu treffen. Aber wie der Blitz erhob sich der Italiener und floh weiter; da auf einmal, 50 Meter vor uns, erlahmte seine Kraft und er stürzte zu Boden. Zu spät fielen die vier Chinesen, die ihn verfolgten, durch unsere Geschosse; der Arme lag mit gespaltenem Kopf, blutüberströmt, mit weit aufgerissenen Augen starr gegen den Himmel gerichtet, da. Ein paar Mal zuckte sein Körper, dann war es vollendet. Voll wahnsinniger Wut schossen wir mit Schnellfeuer auf die infamen Schurken, die im ersten Augenblick stehen blieben, dann aber auf uns zuliefen, indem sie tierisches Geheul hören ließen und ihre Säbel schwangen. Mit dem Revolver in der Hand verteidigte sich der brave greise amerikanische Kommandant mitten zwischen der Garde. Jeden Moment konnte er fallen, aber mutig schoß er jeden sich nähernden Boxer nieder. So gelangten die Chinesen bis zum Wasserturm, in einen Graben zwischen Turm und Lokomotive, und wurden mit einem Verderben bringenden Gewehrfeuer empfangen. Es entstand Verwirrung unter ihnen, so daß sie in dem Graben fortwährend im Kreis umherliefen und umgebracht wurden. Auf der rechten Seite hatten uns die Boxer ebenfalls angegriffen, doch endete das Gefecht mit der Niederlage der Chinesen. Etwa 180 Tote bedeckten den Boden, ausgenommen die Verwundeten, die übrigen flüchteten.

Wir hatten im ganzen vier tote Italiener zu beklagen, ein Italiener wurde vermißt und zwei Engländer waren leicht verwundet. Wären die fünf Italiener nicht so weit aus ihrem Bereich gegangen, so wäre das Unglück nicht geschehen. Um fünf Uhr nachmittags erfolgte wieder ein Alarm, jedoch nur zur Schule. Wir verschärften nun die Posten, und von dieser Zeit an durfte keiner mehr ohne Waffen umhergehen. Die Nacht verlief in aller Ruhe.

Admiral Sir Edward Seymour (Aus: Fleming, Die Belagerung zu Peking, S. 81)

Die Zahl der anstürmenden Boxer wurde in der Literatur unterschiedlich angegeben – von etwa hundert bis zu tausend Mann sollen es gewesen sein. In einem waren sich jedoch alle einig: die Boxer kämpften mit „fanatischer Todesverachtung"[33] und entlockten sogar dem Gegner Worte der Achtung und des Respekts.

Ein Brite etwa meinte:

„... viele von ihnen waren noch junge Burschen ... kein Zeichen von Angst oder Zögern. Dabei waren es keine fanatischen Krieger oder geschulte Soldaten der Kaiserin, sondern friedliebende Bauern – das Land in Waffen gegen die Fremden!"

Und ein Deutscher:

„Alle Boxer, welche zum Angriff angesetzt waren, gingen so lange weiter, bis sie zusammenbrachen ... In fanatischer Begeisterung stand jeder, der durch einen Schuß niedergeworfen, sofort zu erneutem Vorgehen wieder auf ... Kaum einer der Gefallenen hatte

Ein Teil des österreichisch-ungarischen Detachements in Tientsin (Heeresgeschichtliches Museum)

weniger als drei Schuß ... Bei allen wurde auf der Brust in einem roten Täschchen das bekannte Amulett aus gelbem Papier gefunden ..."

Genützt hatte es jedoch allem Anschein nach nichts!

Seymour jedoch war trotz dieser Schwierigkeiten optimistisch und fest davon überzeugt, daß er Peking bald erreichen würde, notfalls auch zu Fuß quer durch das Land. Dem britischen Gesandten in Peking schrieb er jedenfalls: „Bin überzeugt, die Stadt zu erreichen. Hoffe, in wenigen Tagen." Und so abwegig schien sein Gedanke nicht zu sein, denn von Langfang waren es nur etwa 50 km Luftlinie nach Peking.

Der 15. Juni begann für einen Teil des österreichisch-ungarischen Detachements mit einer unangenehmen Tätigkeit:

Um fünf Uhr morgens wurden die Posten wieder, bis auf die unseren, eingezogen. Eine Abteilung meiner Leute schaffte die fünf Leichen weg, die andere war mit den Engländern beim Häuserniederreißen beschäftigt.

Bei der Zahl der zu beerdigenden Toten, die Vierheilig mit fünf angibt, dürfte er sich wahrscheinlich geirrt haben, denn, wie er selbst

Seekadett Erich Prochaska

am Vortag berichtete, gab es vier tote und einen vermißten Italiener zu beklagen. Dieser wurde erst am Nachmittag zufällig von einer deutschen Patrouille entdeckt:

Seekadett Edgar Leschanovsky

Linienschiffsleutnant Johann Indrak

Eine deutsche Patrouille fand zwei Kilometer vom Bahndamm entfernt den Leichnam des vermißten Italieners, der furchtbar verstümmelt war. Kopf, Hände, Füße, Ohren, Nase waren völlig getrennt worden vom Rumpf, die Augen und die Zunge waren ebenfalls herausgeschnitten. Ein trauriger Anblick war es, und um den anderen das nicht zu zeigen, wurden alle abgetrennten Gliedmaßen, so gut es ging, befestigt und der Kopf zugebunden. Höchstwahrscheinlich hatten die Boxer den armen Menschen dorthin verschleppt und auf grausame Weise umgebracht.

Im Laufe des Vormittags erfuhr man dann, daß es auch in der von den Briten besetzten Station Lofa zu heftigen Kämpfen mit den Boxern gekommen war:

Um neun Uhr kam Nachricht aus Lofa, daß gestern zwischen den 100 dort zurückgebliebenen Matrosen und über 2000 Boxern ein Kampf stattgefunden hatte, in dem die Chinesen zurückgeschlagen wurden. Über 200 Tote und Pferde bedeckten den Kampfplatz. Von den Unseren waren nur einige leicht verwundet.

Nun waren Vorsicht und verstärkte Kontrollen angesagt. Patrouillen durchkämmten den ganzen Tag das Gebiet, um nach weiteren Boxerbanden Ausschau zu halten. Am Vormittag durchsuchten die Deutschen einige westlich vom Bahndamm gelegene Dörfer nach Aufständischen und Transportfahrzeugen. Sie stießen nur auf geringen Widerstand und kehrten mit Beutestücken, wie etwa fünf Boxerfahnen, und Gefangenen sowie einigen Stück Vieh zurück.

Nachmittags kehrte eine englische Patrouille, welche sechs Mann stark war und unter der Leitung eines ortskundigen Zivilisten stand, zurück mit der Meldung, daß sie in einer Pagode 50 Boxer überraschten und bis auf fünf von ihnen umbrachten. Der Zivilist war an mehreren Stellen verwundet, doch es war nicht gefährlich.

Admiral Seymour-Expedition (Matrosen beim Reparieren von Gleisen) (Heeresgeschichtliches Museum)

Am Nachmittag fand auch die Beisetzung der fünf getöteten Italiener statt:

Um fünf Uhr nachmittags stellten wir die Arbeiten ein und begaben uns zur Beisetzung der fünf Toten.

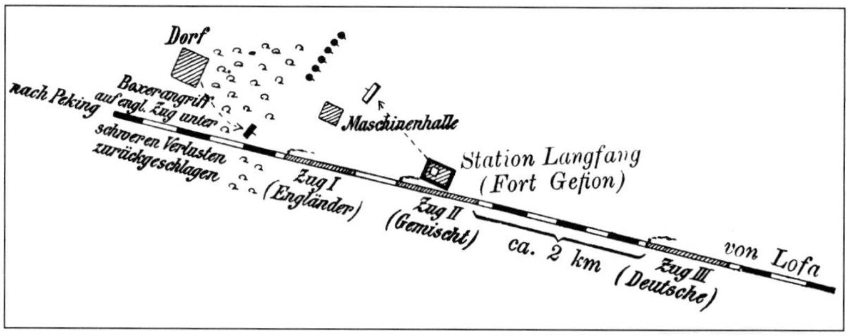

Skizze zum Gefecht am 14. Juni 1900 (Aus: Müller, Unsere Marine in China, S. 47)
☞ S. 62ff

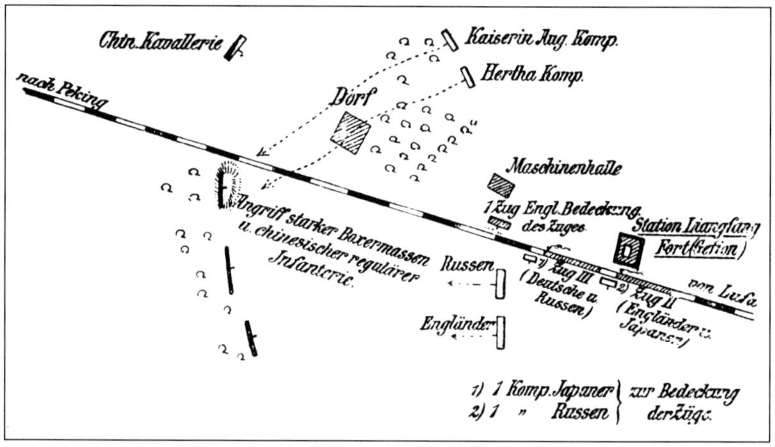

Skizze zum Gefecht am 18. Juni 1900 (Aus: Müller, Unsere Marine in China, S. 53)
☞ S. 74–77

Die Moral des Detachements hatte bereits spürbar unter den Strapazen und Anstrengungen der vergangenen Tage gelitten, auch unter den Österreichern machte sich ein Gefühl der Mutlosigkeit breit. Der zunehmende Druck von seiten der Boxer und das damit verbundene zermürbende Warten auf deren Angriffe, die mangelnde Versorgung der Verwundeten, die zur Neige gehenden Munitionsvorräte und die katastrophale Versorgungssituation zehrten an den Nerven der Beteiligten:

Die Lokomotive, die in der Früh bis zur zerstörten Brücke fuhr, kehrte mit der Nachricht zurück, daß sie eine starke Abteilung Boxer mit Gewehren beschossen hätten, die alsogleich die Flucht ergriffen hatten. Bis jetzt hatten die Boxer 600 Tote Verlust, und wir nur fünf Mann; aber wir verzagten trotzdem, denn es war schon wenig Munition und Proviant da. Besonders litten wir an Wassermangel, denn überall waren die Brunnen vergiftet oder verschüttet, und wo wir einen Brunnen fanden, da war das Wasser schlecht und enthielt mehr Erde als Wasser. Die meisten fingen an, an Dissentrie zu leiden. Um sieben Uhr abends kam ein Zug von Tientsin an und brachte 200 englische Matrosen zur Verstärkung.
Um halb acht Uhr stellten wir wieder die Posten auf. Es war dieselbe Nacht wie am Dienstag, nur daß hier und da der Mond auftauchte, um sogleich zu verschwinden. Gegen halb elf Uhr erscholl auf einmal ein Schuß gerade in dem Moment, als der Mond die Gegend etwas erleuchtete, und der verhängnisvolle Ruf Alarm, der einen jeden jedesmal durchschauert, da Streifpatrouillen und Verstärkungen herumlagen. So hörten wir einige schwere Salven, sodann war aber wieder Ruhe. Vielleicht täuschte sich der Posten oder wagten sich einige chinesische Späher zu weit in unseren Bereich. Es überkommt den Menschen ein eigentümliches Gefühl, das ich nicht beschreiben kann, wenn man so tausend Meter weit allein am Posten steht, besonders wenn es stockfinster und etwas windig ist. Bei jedem größeren Geräusch schreckt man zusammen, und jeden Moment glaubt man zu verspüren, daß jemand hinter ihm stehe und ihn mit dem kalten Eisen durchbohrt. Noch in derselben Nacht fuhr eine Lokomotive mit drei Waggons und zwei Kompanien Engländern nach Anting, um die Arbeit an der Brücke fortzusetzen.

Während die Offiziere noch an der Verbesserung der Befehlsstrukturen feilten, die Züge neu gliederten – Zug 1 Briten und Amerikaner, Zug 2 Briten und Japaner, Zug 3 Deutsche, Russen und Österreicher-Ungarn, Zug 4 Franzosen und Italiener, Zug 5 Arbeitszug – und damit größere Befehlsverbände schufen, trafen besorgniserregende Meldungen ein, daß die Bahnlinie ab Lofa in Richtung Tientsin zerstört sei. Das Offenhalten der Verbindung mit Tientsin war aber eine der Grundbedingungen für die Fortführung des Unternehmens, und die Lage wurde für die Seymour-Expedition nun zusehends kritischer. Man konnte weder vor noch zurück, auch die Kurierverbindung nach Tientsin war nicht mehr aufrecht zu halten.

Hinrichtung von Boxern (Heeresgeschichtliches Museum)

In Tientsin selbst hatte sich die Lage seit Tagen ebenfalls zusehends verschärft. Am 13. Juni waren an mehreren Stellen der Stadt Feuer gelegt worden, in der folgenden Nacht brannte die katholische Sühnekathedrale. Auf die ungefähre Zahl der Boxer in der Stadt angesprochen antwortete der Direktor der Universität einem Offizier des deutschen Detachements: „Wenn ich offen sein soll: Jeder Mann in Tientsin ist ein Boxer."

In der Nacht vom 15. auf den 16. Juni eskalierte nun die Situation. Im chinesischen Teil der Stadt war ein rasch um sich greifender Brand ausgebrochen, der aller Wahrscheinlichkeit nach von den Boxern gelegt worden war, um jenen Chinesen Angst einzujagen, die sie auf seiten der Europäer glaubten. „Sha-sha"-(„Tötet sie"-)Rufe hallten durch die Straßen, als Boxerbanden lärmend durch die Stadt stürmten. Während sich die Detachements gegen eine drohende Einschließung zur Wehr zu setzen suchten, wurden die Russen, die den strategisch wichtigen Bahnhof am linken Ufer des Peiho-Flusses besetzt hielten, vehement angegriffen. Die Aufständischen versuchten mit aller Macht, das

Hinrichtung eines Boxers durch japanische Truppen (Heeresgeschichtliches Museum)

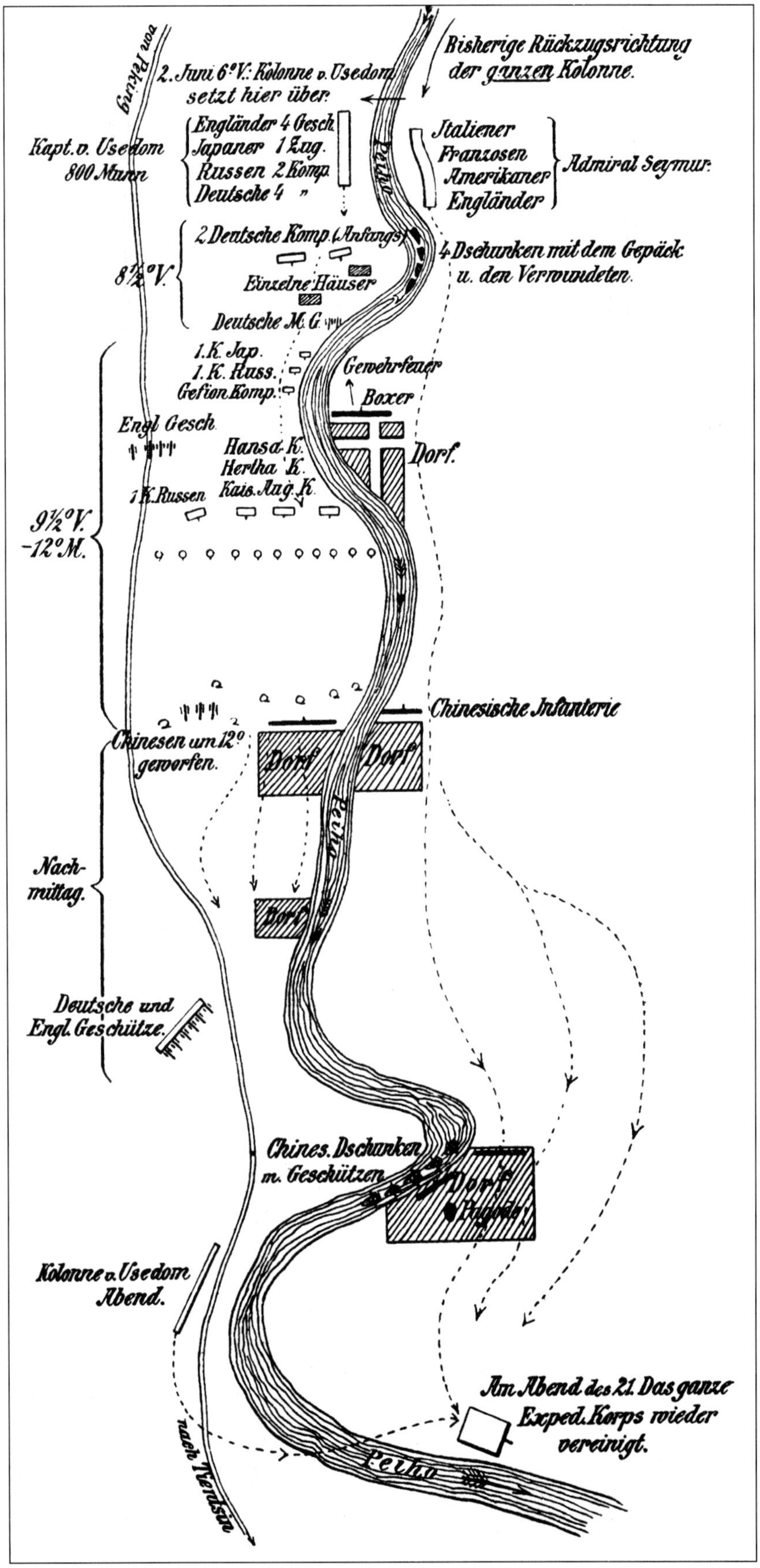

Skizze zum Gefecht am 21. Juni 1900 (Aus: Müller, Unsere Marine in China, S. 59)

☞ S. 79–83

Bahnhofsgebäude zu stürmen. Der Lärm der russischen Gewehrsalven zerriß auch hier die Stille der Nacht; viele der mit Fackeln und Laternen vordringenden Boxer fielen tödlich getroffen zu Boden. Wieder forderte eine Auseinandersetzung einen hohen Blutzoll auf seiten der Rebellen.

Das österreichisch-ungarische Detachement unter Linienschiffsleutnant Indrak war in erhöhte Alarmbereitschaft versetzt, doch blieb an jenem Abschnitt des Walles alles verhältnismäßig ruhig.

Auch ein weiterer Angriff der Boxer gegen den Bahnhof einige Zeit später scheiterte.

Die Eingeschlossenen versuchten in den folgenden Stunden und Tagen vergeblich, durch die Entsendung von Zügen eine Verbindung zum Expeditionskorps Seymours im Nordwesten oder mit Taku im Südosten herzustellen. Der nach Nordwesten fahrende Zug wurde sogar von regulären chinesischen Truppen unter Beschuß genommen, die sich damit erstmals offen auf die Seite der Aufständischen stellten.[34]

Für das österreichisch-ungarische Detachement beim Seymour-Expeditionskorps begann unterdessen der 16. Juni mit

Einem ganz frugalen Frühstück, bestehend aus schimmligem Zwieback und Einbrennsuppe ohne Salz. Dann begab ich mich mit einigen meiner Leute ins Dorf, um den Engländern beim Häuserniederreißen zu helfen. Die anderen hielten Posten. Um elf Uhr beendeten wir unsere Arbeiten, um Wasser zu fassen. Die Lokomotive kam zurück mit der Meldung, daß eine Reparatur der Brücke nicht möglich ist und daß laut Gerücht reguläre Truppen des Generals Tosey im Anmarsch waren.

Die deutsche *Hansa*-Kompanie war gemeinsam mit 40 Briten und Amerikanern in Begleitung eines Eisenbahningenieurs am Morgen dieses Tages mit einem Arbeitszug zurück nach Lofa gefahren, um die an der Strecke Richtung Süden entstandenen Schäden zu inspizieren. Zwar war es möglich, eine Brücke, die etwa fünf Kilometer südlich von Lofa war, zu reparieren, doch auf der Weiterfahrt wurden schließlich so große Zerstörungen am Bahnkörper festgestellt, daß die Verbindung zwischen dem Expeditionskorps und der Stadt Tientsin als völlig unterbrochen gelten mußte. Mit dieser katastrophalen Meldung kehrte der Trupp nun gegen Mittag zurück.

Admiral Seymour hatte unterdessen bereits die führenden Offiziere zu sich gerufen. Nach eingehender Beratung wurde schließlich der Beschluß gefaßt, daß ein weiterer Vormarsch mit der Eisenbahn unmöglich scheine und es daher ratsamer sei, die Stationen Langfang und Lofa zu befestigen und zu verteidigen, bis man Gewißheit habe, ob aus Tientsin Nachschub zu erwarten sei oder nicht. Dem deutschen Detachement unterbreitete Seymour die Bitte, mit etwa 200 Mann Deutschen und Russen gegen die südlich von Langfang liegende Stadt Tung-an-hsien vorzurücken und den dortigen Gemeindevorsteher bzw. Bürgermeister (= Distriktstautai) zu veranlassen, gegen die Boxer vorzugehen und sie an der Zerstörung der Bahnlinie zu hindern. Der deutsche Kommandant, Kapitän zur See Guido von Usedom, hielt dieses Unternehmen für nicht wirklich zielführend, und als er gerade auf dem Weg zu Seymour war, um ihm seine Meinung darüber kundzutun, traf die Meldung von der Zerstörung der Bahnlinie Richtung Süden ein. Daraufhin berief Seymour erneut eine Versammlung ein, um die neue Situation zu erörtern. Die Verbindung zu Tientsin war unterbrochen, auf Nachschub aus dieser Richtung zu warten, schien daher ebenso sinnlos wie der Versuch, die Eisenbahnverbindung mit eigenen Mitteln wiederherzustellen. Die anwesenden Offiziere, unter ihnen auch der Seekadett Prochaska, beschlossen daher, den Rückzug, zunächst einmal nach Lofa, anzutreten.

Das österreichisch-ungarische Detachement wurde von Prochaska daraufhin von den Entwicklungen in Kenntnis gesetzt, wobei der Seekadett aber bereits von einem Rückzug nach Yangtsun sprach.

Reguläre chinesische Artillerie (Manfred Litscher, Wien)

Chinesische Geschütze im Mannschaftszug (Manfred Litscher, Wien)

Vierheilig sah sich daraufhin veranlaßt, nachzuhaken:

Bald darauf wurde Herr Kadett Prochaska zur Versammlung beim Herrn Admiral gerufen und kam mit der Nachricht zurück, daß wir morgen noch in Yangtsun sein müssen, ehe es zu spät ist. Auf das hin fragte ich, was eigentlich los sei, warum wir nicht weitergehen; wir könnten doch marschieren. Und er gab mir folgende Antwort: Seit vier Tagen wurden mindestens zwölf Kuriere nach Peking gesandt, und keiner kehrte mehr zurück. Heute Nacht langte der neunte Kurier an und brachte die Nachricht, daß die Europäer in Peking völlig eingeschlossen und von Boxern sowie regulären Truppen belagert waren. Ein Entsatz mit so schwachen Kräften wäre nicht möglich gewesen und könnte zum eigenen Ruin führen. Auch erfuhr ich noch von ihm, daß die Strecke zwischen Tientsin und Yangtsun zerstört wurde und wir von Tientsin gänzlich abgeschnitten wurden. Der Mangel an Proviant und Trinkwasser, besonders aber an Munition zwang uns zur Rückkehr. Da wir nun völlig von der Außenwelt getrennt waren und weder von Tientsin noch von Peking aus Nachricht erhalten konnten, es mit der Munition bergab ging, blieb uns nichts anderes übrig als, so weit es ging, mit der Bahn zurückzufahren und dann nach Tientsin zu marschieren.

Noch am selben Tag begann der Rückzug. Seymour fuhr mit den Zügen 1 und 4 voran, um sich persönlich vom Ausmaß der Zerstörung zu überzeugen. Was er sah, erschien ihm jedoch nicht ganz so schlimm wie berichtet und ließ ihn an seinem Entschluß zweifeln, ob ein so übereilter Rückzug wirklich gerechtfertigt gewesen war oder ob nicht doch die Möglichkeit bestanden hätte, die Verbindung nach Tientsin wiederherzustellen, vor allem, da, wie oben erwähnt, die Nachricht eingetroffen war, daß die Lage in Peking sich drastisch verschlechtert hatte und die Gesandten um raschen Entsatz baten. Nun fürs erste wollte man aber die beiden Stationen verteidigen und abwarten, wie sich die Lage entwickelte.

Am späteren Nachmittag trafen schließlich auch Deutsche, Russen und Österreicher Vorkehrungen für den Rückzug aus Langfang. Admiral Seymour hatte vor seiner Abreise den deutschen Kapitän zur See Usedom mit dem Kommando über die Züge 2 und 3 betraut:

Um fünf Uhr begaben wir uns auf den Rückweg und kamen um sechs Uhr in der Station Lofa an. Da stand nun der Zug, der die 200 Mann Verstärkung brachte und nicht mehr nach Tientsin gelangen konnte. Um halb sieben Uhr fuhren wir wieder weiter, links und rechts lagen die toten Menschen und Pferde vom letzten Gefecht und stanken schon von weitem wie die Pest. Ein häßlicher trauriger Anblick war es, und man mußte sich Nase und Mund verstopfen bei diesem langsamen Fahren, um nicht vor Gestank ohnmächtig zu werden. Noch vor Einbruch völliger Finsternis bemerkten wir von der Ferne ein großes Feuer, und es verbreitete sich sofort das Gerücht, daß die Bahnbrücke brenne. Da wir nun nicht mehr weiterfahren konnten, auch wegen der einbrechenden Dunkelheit, so blieben wir in einer offenen Ebene über Nacht liegen.

Am frühen Morgen des 17. Juni, gegen vier Uhr, ging die Fahrt weiter, eineinhalb Stunden später hatten sie bereits Lofa erreicht. Usedom erstattete daraufhin Seymour Meldung über die Vorkommnisse der vergangenen Nacht, von denen Vierheilig anscheinend nichts mitbekommen hatte. Gegen zehn Uhr abends, als ein russischer Arbeitstrupp vom Wasserfüllen des Zuges 3 zurückkehrte, fielen plötzlich Schüsse. Die Engländer eröffneten daraufhin ohne Befehl, und obwohl ihnen zuvor bekanntgegeben worden war, daß in der besagten Gegend eigene Leute bei der Arbeit waren, das Feuer. Zwei Russen wurden dabei getötet, fünf verwundet.

Seymour entsandte seinen Adjutanten zum führenden russischen Offizier, um diesem sein Beileid und Bedauern auszudrücken. Usedom aber ließ er wissen, daß er der Ansicht sei,

„daß sich die Verbindung mit Tientsin in zwei bis drei Tagen wiederherstellen lasse, und (er) halte es aus diesem Grund und im Hinblick auf die ihm aus Peking zugegangenen Nachrichten für notwen-

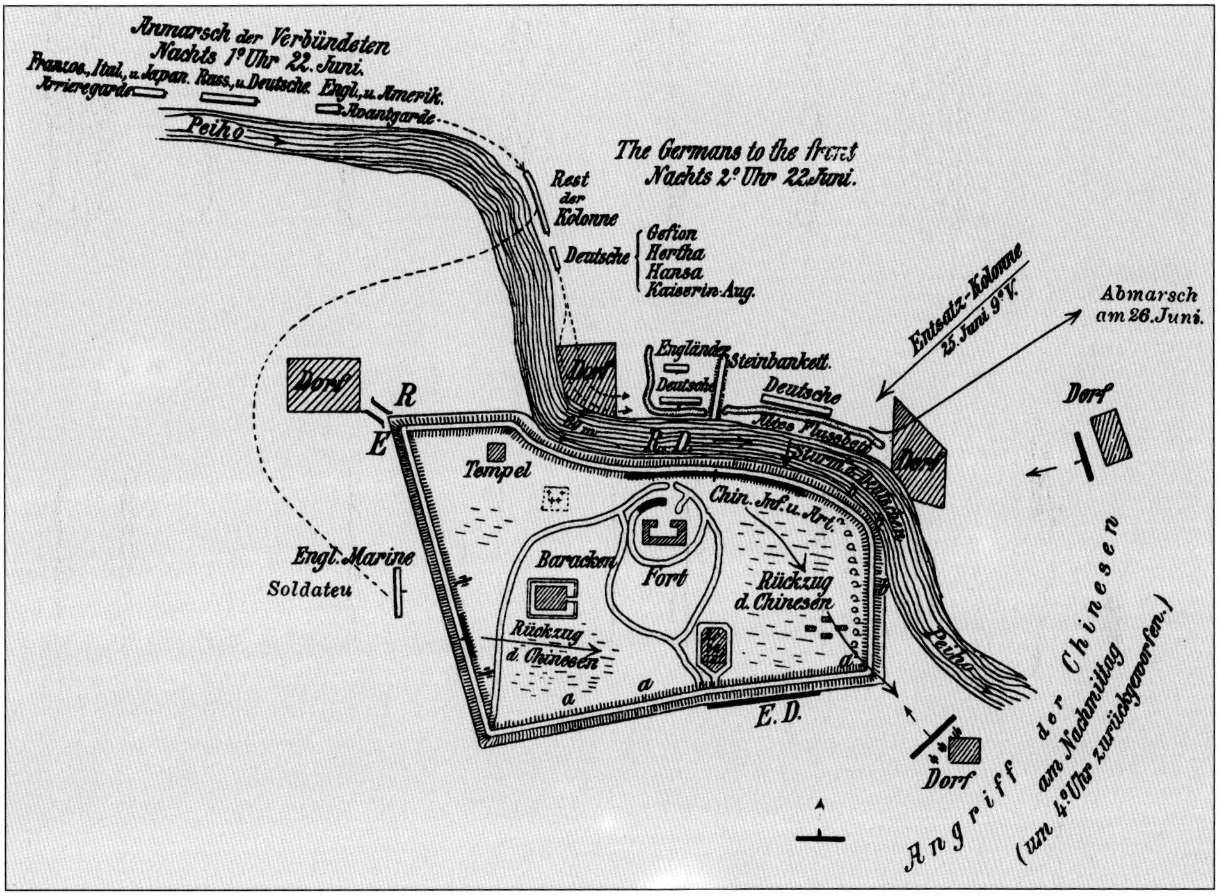

Skizze zur Besetzung und Einnahme von Fort Hsiku, 22. bis 26. Juni 1900 (Aus: Müller, Unsere Marine in China, S. 61.)

☞ S. 83–107

dig, die Bahnlinie nach vorwärts festzuhalten, um nach Wiederherstellung der Verbindung mit Tientsin einen Vorstoß gegen Peking machen zu können. Er schlage daher die Wiederbesetzung von Langfang, die regelmäßige Bewachung der Strecke Lofa–Langfang durch einen bewaffneten Zug und die Bewachung der wiederhergestellten Strecke nördlich von Langfang durch Patrouillen vor."[35]

Usedom befahl daraufhin, daß der Zug 3 – und damit eigentlich auch die Österreicher – wieder nach Langfang zurückfahren und vor der Station Position beziehen solle. Die *Gefion*-Kompanie sollte das Stationsgebäude erneut besetzen und „Fort Gefion" wieder zum Leben erwecken. Die Bahnstrecke selbst sollte durch je eine, zweimal pro Tag patrouillierende Kompanie gesichert werden. Interessanterweise berichtet Vierheilig nichts davon, daß auch die Österreicher an der neuerlichen Besetzung beteiligt waren. Er erwähnt zwar einen Zug, der als Nachhut in Langfang geblieben war, konzentriert sich dann aber vielmehr auf die Schilderung eines Sturms auf eine Stadt, in der man Boxer vermutete. Dies und auch die Berichte der folgenden Tage lassen den Schluß zu, daß die Österreicher sich nicht an diesem Unternehmen beteiligt hatten, sondern bei Admiral Seymour verblieben waren:

Um halb sieben Uhr morgens fuhren wir wieder weiter, hier und da anhaltend, um die Strecke zu reparieren. Bei einer Stadt unweit der Strecke hielten wir an, da wir in derselben Menschen und auf einigen Häusern Flaggen wehen sahen. Da es nun sicher Boxer waren, so stiegen wir aus, bis auf einige, die als Bewachung des Trains zurückblieben, um die Chinesen zu verjagen. Wir teilten uns in drei Teile, um die Stadt zu umzingeln. Bevor wir noch in Sturm übergingen, feuerten die Engländer einige Granaten hinein, die bald darauf die Stadt in Brand steckten. Sodann gingen wir in Sturm über. Nachdem die Boxer einsahen, daß sie verloren waren, so flüchteten sie nach allen Seiten. Wir brannten ein Haus nach dem anderen ab und erbeuteten viele Flaggen und Waffen. Nach einer Stunde kehrten wir zurück und fuhren weiter bis zu der Brücke, von der wir gestern glaubten, daß sie brenne. Es

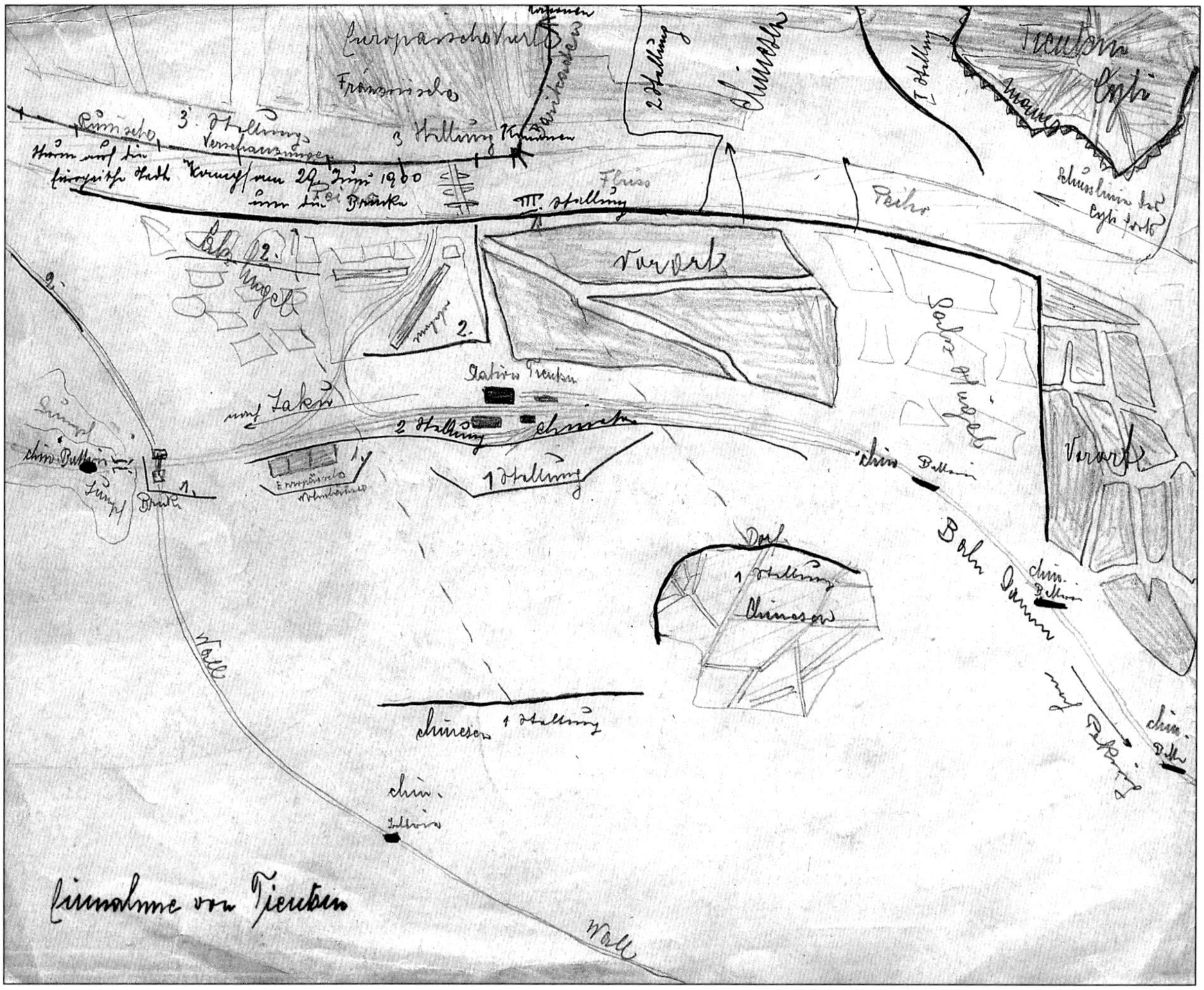

Von Anton Vierheilig angefertigte Skizze (Heeresgeschichtliches Museum)

schien, daß die Gegend unsicher war, denn in der Ferne bemerkten wir ganze Truppenabteilungen, die südwärts zogen. Nachdem die Brücke einer großen Reparatur bedurfte, so blieben wir über Nacht bei der Brücke liegen. Aus Langfang, wo ein Zug als Nachhut zurückgeblieben war, kam Nachricht, daß in aller Früh ein Gefecht mit einigen hundert Boxern stattgefunden hatte, in dem die Chinesen in die Flucht geschlagen wurden. Mit Einbruch der Dunkelheit wurden die Posten wieder aufgeführt und eine Kompanie zur Brücke zitiert, da in der Nacht an der Brücke gearbeitet wurde. In der Nacht sahen wir überall Flammen aufgehen, welche höchstwahrscheinlich von brennenden Dörfern herstammten, die die Boxer in Brand steckten.

Am folgenden Tag gingen die Reparaturarbeiten an den Gleisen weiter, und auf der Suche nach geeignetem Material in den umliegenden Dörfern stieß das österreichisch-ungarische Detachement wieder auf Boxer:

Um fünf Uhr morgens kam der Zug von Langfang an. Um sechs Uhr fuhren wir wieder weiter und gelangten nach öfterem Anhalten vor der großen Brücke bei Yangtsun über den Peiho. Nachdem nicht genügend Schwellen vorhanden waren, gingen wir in die nächstgelegenen Dörfer auf der Suche nach denselben; die rechte Seite der Brücke war in gutem Zustand, nur einige Schienen und Schwellen waren nicht vorhanden. Die linke Seite war halb abgetragen, einige

Tientsin mit Peiho-Fluß (Heeresgeschichtliches Museum)

Brückenpfeiler und Traversen waren gänzlich ins Wasser gestürzt worden. Die Station Yangtsun war ebenfalls ein Trümmerhaufen, auch sah ich nur Räder von verbrannten Waggons. Ich durchsuchte das gleich nebenan liegende Dorf und fand nach längerer Zeit, in einem großen Gebäude unter einem Strohhaufen mit Erde bedeckt, circa 30 Schwellen und Unmengen von Krampen sowie Schaufeln. Beim Abgehen erwischten wir zwei Boxer, die einige Gefäße mit Pulver aus Horn bei sich trugen. Nach näherer Untersuchung fand ich heraus, daß es Bomben waren, auf ganz einfache Art gemacht. Das Gefäß hatte eine runde flaschenähnliche Form und war aus irgendeiner chinesischen Hornmasse erzeugt. Innen war sie mit Pulver und Schwefel gefüllt. Zur Entzündung diente eine ganz einfache Präparatur. Der Kopf bestand aus einem hölzernen, mit Blei versehenen Pfropf; durch diesen führte eine Glasröhre bis ins Innere des Gefäßes. Die Glasröhre war mit hartem Pulver ausgefüllt, und zu der Entzündung derselben diente eine andere kleinere Röhre, die aus Glimmholz bestand und vor der Glasröhre angebracht war. Wenn nun das Glimmholz angezündet wurde, explodierte der Pulversatz in der Glasröhre und somit auch das Gefäß. Diese Bomben benutzten nun die Chinesen, um die Brücken in die Luft zu sprengen. Die Chinesen baten mich um Verzeihung, und als ich sie fragte, von wo sie dieses her hatten, zeigten sie mit der Hand, daß sie es gefunden hatten. Weil das nun ein freches Lügen war, da ich nach Durchsuchung bei jedem einen scharfen krummen Dolch fand, den sie geschickt versteckt hatten, so vollführten wir die übliche Justiz, indem wir jedem eine Kugel durch den Kopf jagten. Hierauf warf man sie in ein brennendes Haus, damit sie ihre Sünden ordentlich bereuen konnten. Soweit ich sehen konnte, war in der Richtung nach Tientsin der

Peiho-Fluß in Tientsin (Heeresgeschichtliches Museum)

Tientsin nach der Einnahme (Heeresgeschichtliches Museum)

Bahndamm an einigen Stellen beinahe gänzlich abgetragen, auch keine Schiene auf ihrem Platz. Laut Rekognoszierung der Japaner erfuhren wir mit Schrecken, daß circa vier Meilen vor uns General Nye mit 16.000 Truppen des Tschili-Korps liege und ein Lager aufgeschlagen haben sollte. Auch bemerkten die Japaner mehrere Batterien, die in Richtung Peitang fuhren.

Admiral Seymour war inzwischen zu der Erkenntnis gelangt, daß die Kommandanten der in Lofa und Langfang verbliebenen Züge nach eigenem Ermessen entscheiden sollten, ob ein Rückzug ins Auge zu fassen wäre, und ließ dementsprechende Botschaften übermitteln. Am Nachmittag desselben Tages kam zunächst der Zug aus Lofa, gegen Abend jener aus Langfang:

Nach einer kurzen Zeit kam eine neue Schreckensnachricht, mit dem letzten Zug von Lofa [hier dürfte sich Vierheilig geirrt und Langfang gemeint haben – Anm. d Hg.], der 50 schwer und leicht Verwundete sowie sieben Tote mitbrachte. Um circa vier Uhr abends griffen 2000 reguläre Truppen des Generals Yang die dort zurückgebliebenen letzten 200 Mann an. Nach einem heißen eineinhalbstündigen Kampf gelang es den Unseren, auf Tod und Leben einen Ausfall zu machen und die Chinesen zu vertreiben. Es ist fast unglaublich, wie sich 2000 Mann von 200 schlagen ließen, aber leider wahr.

Es war tatsächlich am Nachmittag vor Langfang zum bisher massivsten Angriff der Boxer – unterstützt durch reguläre chinesische Einheiten – gekommen: 5000 Mann, Infanterie und Kavallerie, lieferten sich mit deutschen, russischen und britischen Kompanien ein dreistündiges heftiges Feuergefecht.

Zwar gelang es, den Angriff abzuwehren, die Chinesen zu vertreiben und ihnen große Verluste zuzufügen, doch auch die eigenen Verluste waren nicht unbeträchtlich – wie Vierheilig richtig bemerkte: sieben Tote (1 Deutscher, 3 Briten und 3 Russen) sowie mehr als 50 Verletzte, darunter auch der deutsche Kommandant Kapitän zur See von Usedom. Den Deutschen war es auch zu verdanken, daß das Gefecht einen so glücklichen Ausgang genommen hatte, denn mit ihrem energischen Vorstürmen rissen sie auch die Briten, die zunächst nur den Zug verteidigen wollten, mit sich. Wie knapp es schon um die Munition der einzelnen Kompanien bestellt war, zeigt sich an der Tatsache, daß die *Hertha*-Kompanie bereits ihre gesamte Munition verschossen hatte und sich mit Patronen von gefallenen Chinesen eindecken mußte. Die Toten und Verwundeten wurden nach dem Gefecht in den Zug verfrachtet, der Rückzug angetreten:

Nachdem die Verwundeten einwaggoniert waren, fuhr der Zug mit voller Geschwindigkeit nach Yangtsun, wo wir lagen. Während der Fahrt bemerkten sie Unmassen von Truppenabteilungen, die sich nach der Richtung Yangtsun bewegten. Auch berichtete ein englischer Offizier, daß General Yang selbst anwesend sei und daß er seine gesamte Truppenmacht in der Nähe von Yangtsun konzentrieren wollte, um sich mit General Nye zu verbinden und uns vereint zu vernichten und Tientsin von den Europäern frei zu machen. Ein eigentümliches Gefühl überkam jeden, und man hörte kein Singen und kein Lachen mehr. Jetzt war es ernst geworden, und von heute an sollte jeder Tag Menschenleben kosten. Auch meine Matrosen, die gewöhnlich jeden Abend sangen und dadurch bei den Engländern beliebt waren, verstummten. Es wollte kein anständiger hoher Sinn in die Leute kommen, und jeder dachte so schnell als möglich in Sicherheit zu kommen. Es wurden nun alle Posten aufs genaueste instruiert und in zwei Teile geteilt, die eine Hälfte vor, die andere nach Mitternacht. Die Nacht verlief aber ruhig ohne irgendeine Neuigkeit.

Am 19. Juni hielten die führenden Offiziere erneut Beratungen ab. Das Ziel, nämlich den Gesandten in Peking zu Hilfe zu eilen, war nicht mehr realisierbar, das war nun allen klar. Wie aber sollte es weitergehen? Man beschloß, so bald als möglich den Rückzug nach Tientsin anzutreten, solange noch Lebensmittel und Munition vorhanden waren. Als Route wurde der Weg am linken Peiho-Ufer gewählt, wo man hoffte, in den umliegenden Dörfern noch Proviant und Munition zu finden. Daraufhin wurden dann die Mannschaften in Kenntnis gesetzt. Der beschwerliche, vor allem aber auch gefährliche Rückzug konnte beginnen:

Um sechs Uhr früh begruben wir die sieben Toten und bereiteten uns in fieberhafter Eile auf den Abmarsch vor. Nachdem es nicht mehr möglich war, mit der Bahn weiterzufahren, wegen der zerstörten Strecke und der Verfolgung durch die chinesischen Truppen, so mußten wir uns in aller Geschwindigkeit vorbereiten, um noch vor abend abzumarschieren. Der Admiral beschloß zu diesem Zwecke, den Weg nach Tientsin längs des Flusses Peiho zu neh-

Die Chinesenstadt von Tientsin nach dem Bombardement (Heeresgeschichtliches Museum)

men, da eine Transportierung der Verwundeten auf eine andere Art und Weise eine Sache der Unmöglichkeit war. Der ganze Proviant sowie die Munition, die übrig geblieben waren, wurden auf fünf Dschunken aufgeladen und in die drei anderen die Verwundeten. Was nicht mehr mitgenommen werden konnte, ließen wir im Stich. Bei dieser Gelegenheit verlor der Gesandtschaftsbeamte Erwin Gottwald sein Hab und Gut, das er auf 12.000 Dollar gerechnet hatte. Da wir unsere schweren Decken nicht tragen konnten, so überließen wir sie den Verwundeten als Unterlagen. Von einer 9 cm-Schnelladekanone wurde die Lafette sowie das Rohr ins Wasser gestürzt, da ein Transport unmöglich war. So verlief die Zeit unter fieberhaftem Arbeiten. Punkt fünf Uhr blies der Hornist zum Abmarsch.

Die Anordnung der Marschkolonnen wird in der Literatur widersprüchlich angegeben. Während Winterhalder und Plaschka schrieben, daß die Amerikaner die Vorhut übernommen hatten, dann die Franzosen, Italiener, Briten, Österreicher-Ungarn und Japaner folgten, und als Nachhut Russen und Deutsche, werden im Werk „Die Kaiserliche Marine während der Wirren in China 1900–1901" die Engländer und Japaner als Vorhut angeführt, gefolgt von den Franzosen und Italienern, Amerikanern, Russen und Österreicher-Ungarn, und den deutschen Kompanien als Nachhut[36]. Vierheilig erwähnt, wie weiter unten zu sehen sein wird, die Amerikaner als Vorhut.

Langsam marschierten wir am linken Ufer stromab, da die Dschunken jeden Moment am Grund auffuhren und den schnellen Marsch verhinderten. Nach kaum zwei Stunden Marsch sahen wir die verlassenen Züge in Flammen aufgehen und eine schwarze Masse von Menschen am Damm um dieselben herumstehen. Einige Schüsse klangen an unsere Ohren. Gott sei Dank wenigstens so weit war es gut abgelaufen, aber wie sollte es weiter werden? Während des Marsches beobachtete ich drei Chinesen, die am rechten Ufer hinter uns dreingingen und uns beobachteten. Ich machte den Kadetten darauf aufmerksam, aber er sah nichts.
Meinetwegen dachte ich mir, und wenn es Hunderte sind, mache ich niemanden mehr aufmerksam. Nach dreieinhalbstündigem Marsch hielten wir an und schlugen Lager. Ringsherum wurden alle Maxim-Kanonen und Geschütze aufgefahren, die wir hatten, und Posten aufgestellt. Zwei Tote, die während der Fahrt gestorben waren, wurden begraben. Es war eine naßkalte frostige Nacht und ließ den Menschen ohne jegliche Bedeckung nicht schlafen; und wir hatten keine. Vor Kälte zitternd lief ich auf und ab, um mich zu erwärmen. Die Nacht verlief in aller Ruhe.

Mit Tagesanbruch begann am 20. Juni der Weitermarsch:

Um halb vier Uhr morgens frühstückten wir und begaben uns um vier Uhr auf den Weitermarsch. Wir marschierten sehr langsam, da die Dschunken uns am schnellen Vorgehen hinderten. Gegen acht Uhr bemerkten wir bei der Biegung des Peiho nach Südwest eine Unzahl von Chinesen mit Flaggen, die gegen uns zu marschierten. Da wir nicht wußten, auf welchem Ufer sie herbeimarschiert kamen und ob sie mit feindlicher oder freundlicher Gesinnung kamen, ließen wir die Dschunken zurück, unter Bedeckung, und marschierten eine kurze Strecke weiter bis zur Biegung des Flusses, wo wir hielten und uns sodann verteilten. Da zur Vorhut die Amerikaner bestimmt waren, die vier 9 cm-Kanonen mit sich führten, so fuhren sie dieselben auf und erwarteten die Chinesen. Diese bewegten sich in einer ungeheuer großen Anzahl im Schnellschritt in der Richtung gegen uns zu. In einer Lichtung zwischen zwei Dörfern neben dem Fluß hielten sie schließlich an. Einige Abteilungen marschierten zurück und begaben sich nach Südost, andere zerstreuten sich wieder in dem uns gegenüberliegenden Dorf, während die Hauptmacht sich in der Lichtung und am Uferdamm verteilte. Auf diese kurze Distanz erkannten wir in den Soldaten und nach den Flaggen, daß es Truppen des General Nye waren. Höchstwahrscheinlich wußten sie gar nicht, daß wir ihnen so nahe lagen, denn nach ihrem Tun und Treiben schienen sie uns später zu erwarten. Was nun tun? Zurück konnten wir nicht, und gegen vorne war uns der Weg abgeschnitten. Wir verblieben längere Zeit ruhig, ohne uns zu zeigen oder zu schießen. Da die Amerikaner immer klar waren und sie jeden Moment losgehen mußten, so warteten wir in atemloser Spannung,

was nun folgen mußte. Plötzlich zeigten sich auf circa 200 Meter in der Biegung des Flusses am Uferdamm fünf Chinesen, die uns erblickten, wie ich glaube drei höhere Offiziere mit zwei Mann. Nun waren wir bemerkt worden. Kaum daß die fünf Chinesen sich noch von der Überraschung erholen konnten, erdröhnten auf der Seite des Amerikaners Kanonenschüsse und Salven aus Gewehren, die die fünf sofort töteten und zwischen den Chinesen einen momentanen Schrecken verbreiteten. Nun ging's los, Schüsse auf Schüsse fielen, die seitens des Feindes wütend erwidert wurden. Das erste Mal im ernstlichen Gefecht schreckten wir vor den pfeifenden Kugeln zurück, die wie toll um unsere Köpfe pfiffen. Hier und da stürzte einer von den Unseren vom feindlichen Geschoß getroffen mit einem schmerzlichen Aufschrei tot zu Boden. Schritt für Schritt erkämpften wir uns den Boden, der uns Blut und Leben kostete.
Die englische Marine-Infanterie umging den rechten Flügel der Chinesen und schlug auf diesen los. Die Chinesen, dies nicht erwartend, mußten gegen den Fluß zu retirieren, um das Dorf, welches einige von ihnen besetzt hatten, zu halten; dies gab uns, die wir am Uferdamm lagen, Mut. Halb im Wasser watend drangen wir, vom Damm gedeckt, bis zum Dorf vor. Während dieser Zeit bombardierte der Amerikaner das von den Chinesen besetzte Dorf und schoß es in Brand. Auf die Gefahr hin, verbrannt zu werden, mußten die Chinesen das Dorf verlassen, um sich gegen den Fluß zurückzuziehen. So gerieten sie uns in die Klauen und mußten gegen Süden flüchten. Der Kampf dauerte bis elf Uhr vormittag.
Kaum daß wir eine halbe Stunde weiter marschierten, griff uns der Chinese wieder an, diesmal aber mit Kanonen und in größerer Anzahl. Derselbe hatte eine verflucht gute Stellung und uns ins Kreuzfeuer genommen. Unsere linke Seite beschoß er von einer Anhöhe auf circa 1500 [?] Meter von vorne aus einem Dorf, während er den rechten Flügel mit Geschützfeuer zum Weichen zu bringen versuchte.
Ich will den Kampf nicht beschreiben, da er mir nicht so gut in Erinnerung blieb. Nach einem dreistündigen hartnäckigen Kampf gelang es uns endlich, die Chinesen zu vertreiben und zwei Geschütze zu erobern. Alle Dörfer ringsherum steckten wir in Brand, damit sie den Chinesen keinen Schutz bieten konnten. Wie ich erfuhr, hatten wir auf unserer Seite mehr Verluste als auf der feindlichen.
Nachdem wir einen geeigneten Lagerplatz gefunden hatten, schlugen wir froh, Ruhe zu finden, Lager. Allmählich trat tiefe Finsternis ein, welche von drei Lagerfeuern und den ringsherum liegenden brennenden Dörfern beleuchtet wurde. Es war ein prachtvoller Anblick, wie ein Haus nach dem anderen den riesigen Flammen zum Opfer fiel, sowie die großen Feuergarben, die jeden Moment in die Höhe stiegen und die Gegend beleuchteten. Wir konnten uns kaum bewegen, die furchtbare Hitze bei Tag lag drückend auf den Menschen, die Strapazen nicht gewohnt, hungernd und todmüde, durstig, da das schmutzige Peiho-Wasser mit den vielen Toten einen ekelte, die fortwährenden Kämpfe und die Angst, ums Leben zu kommen, wirkten erschlaffend auf uns. Nicht einmal die nächtliche Ruhe, auf die wir freudig warteten, erheischte uns; im Gegenteil, die frostige Nacht, der eiskalte nasse Tau, der den Boden durchnäßte, ließ uns nicht schlafen, und wir erwarteten kaum den nahenden Morgen. Die Nacht verlief ruhig.

Der folgende Tag, der 21. Juni, sollte erneut schwere Auseinandersetzungen mit den aufständischen Boxern mit sich bringen:

Um vier Uhr früh brachen wir auf. Um auf beiden Seiten vor dem Feinde sicher zu sein, teilten wir uns in zwei Gruppen. Wir, Deutsche, Japaner, Russen und Italiener wurden auf das rechte Ufer übersetzt, während die Engländer, Amerikaner und Franzosen auf der linken Seite verblieben. Da nun die anderen schon wenig Munition besaßen, und wir sowie die Deutschen noch genügend hatten, wurden wir als dritter Zug zu der *Gefion*-Kompanie – Deutsche – zugewiesen und zur Vorhut bestimmt. Von nun an standen wir unter deutschem Kommando. Bis jetzt hatten wir Österreicher noch keinen Verwundeten, während alle anderen Nationen schon viele aufzuzählen hatten. Von jetzt an aber waren wir Vorhut, somit die ersten im Gefecht.
Wir marschierten langsam vorwärts, jedes Dorf wurde visitiert und in Brand gesteckt, alles, was nicht nagelfest war, wurde zerstört. Kein lebendes Wesen sah man weit und breit, nur die Rauchsäulen von den brennenden Dörfern. Wenn jemand unseren Rückzug betrachtete, so hätte er glauben müssen, daß sich eine raubende Vandalenhorde auf einem Zug befand, die alles plünderte und zerstörte. Aber nichts von

alledem. Wer hätte etwas angerührt, konnte ja jeder Mann vor Müdigkeit nicht einmal sein Gewehr tragen, viel mehr sich fremdes Gut aneignen. Wenn wir nicht alles zerstört und verbrannt hätten, so wären wir nicht so leichten Fußes davon gekommen. Alles, was zum Schutz der Chinesen diente, mußte beseitigt werden.

Um elf Uhr früh gelangten wir in die Nähe einer kleinen Stadt, die an einer Biegung auf beiden Seiten des Flusses gelegen war. Wir begannen, uns in Schwarmlinien zu verteilen, um das Dorf zu visitieren, aber kaum, so daß wir nur uns noch recht verteilt hatten, erscholl von drüben ein Schnellfeuer aus Gewehren, daß wir mit Mühe eine Deckung erreichen konnten. Hunderte von Kugeln pfiffen uns um die Köpfe, und die Chinesen schienen sehr viel Munition gehabt zu haben, da sie Schnellfeuer schossen. Der Feind hatte sich an den beiden Teilen der Stadt postiert, während er auf 2000 Meter gegen West mehrere Batterien auffuhr. Wir sahen deutlich die Geschütze sowie Pferde, wie sie mit diesen die Geschütze auffuhren. Da uns die Batterie direkt von der rechten Seite bombardierte, mußten wir sobald als möglich die Dschunken am rechten Ufer unter dem Damm in Schutz bringen, da sonst die Gefahr bestand, daß die Kanuten durch die Granaten getötet wurden. Eine Granate schlug ins Achterteil einer Verwundeten-Dschunke ein und tötete den Steuermann sowie zwei Verwundete, eine andere Dschunke wurde zu Grunde und eine in Brand geschossen. In den zwei letzten Booten waren aber nur unbedeutende Gegenstände aufgeladen.

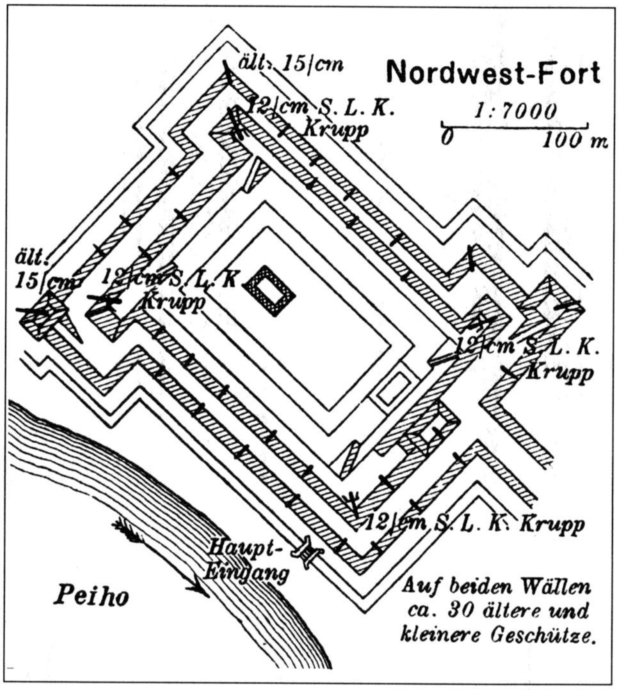

Skizze Nordwest-Fort (Aus: Theodor Ritter von Winterhalder, Kämpfe in China. Eine Darstellung der Wirren und der Betheiligung von Österreich-Ungarns Seemacht an ihrer Niederwerfung in den Jahren 1900–1901, Wien–Budapest 1902, S. 71)

Die linke und rechte Seitenhut bekam den Befehl, die Stadt zu umgehen, während wir ein langsames Gewehrfeuer unterhielten, um die ganze Aufmerksamkeit auf uns zu wenden, währenddessen die Unseren mit Kanonen und Brandgeschossen die Stadt bombardierten. Nach und nach bemerkten wir auf allen Seiten, daß die Häuser zu brennen anfingen, und daß das große Feuer langsam erlosch, da die Chinesen, um nicht ausgeräuchert zu werden, sich zurückziehen mußten. Die Seitenhut, die die Stadt noch zur rechten Zeit von rückwärts erreicht hatte, errichtete ein mörderisches Schnellfeuer auf den Feind, von welchem nur wenige davon gekommen waren. Der ganze Peiho wimmelte von blutig geschossenen Leichen. Da wir nun sicher waren, den Feind vernichtet zu haben, marschierten wir weiter, ohne zu Mittag zu rasten oder zu essen.

Wir durchsuchten ein großes Dorf, in welchem wir nur einige herrenlose Schweine und Geflügel vorfanden. Wir waren nicht weit vom Dorf gekommen, als wir wieder in einem anderen Dorf vom Fluß auf den Dächern der Häuser Menschen bemerkten. Vom Dorf aus führte eine Landstraße nach Südwest, auf einem circa drei Meter hohem Walle. Links von der Straße zwei Kilometer entfernt lagen einige steinerne Gebäude auf einer bewaldeten Anhöhe, die von einer Mauer umgeben waren. Zwischen uns und dem Dorf, in dem wir die Chinesen erblickten, lag nur flacher Boden. In der Nähe des Flusses war der Uferrand bewachsen von Bäumen und Dickicht. Das Dorf lag erhöht über dem Fluß, umgeben von einigen zerstreuten Totenhügeln. Wir hielten an und verteilten uns wieder in Schwarmlinien. Da man die im Dorfe befindlichen Chinesen nicht erkennen konnte, ob sie friedliche Bewohner waren oder Militaristen, so ließ Kapitän Usedom zwei Schwarmsalven abgeben und die englischen Maxim-Kanonen vorfahren. Diese zwei Schwarmsalven wurden von den an der Straße liegenden Gebäuden mit kurz aufeinanderfolgenden Schüssen beantwortet, die von Maxim-Gewehren herstammten. Da wir nun kaum Deckung hatten, warfen wir

Fort von Tientsin, von dem aus das Fremdenviertel beschossen wurde (Aus: Staat Gottes, Jahrgang 1899/1900, Heft 4, S. 516)

uns flach am Boden nieder und blieben einige Zeit so liegen, während die englischen Maxim-Kanonen das Feuer erwiderten, da der Mann, der die Kanonen bediente, vom Schutzschirm bedeckt wurde. Da nun vom Dorfe angefangen wurde, auf uns zu schießen, blieb nichts anderes übrig, als die dem Dorfe gegenüberliegende Waldanlage so schnell als möglich zu erreichen.

Wir sprangen auf und liefen unter Hurra gegen das Dorf vor. Wir rannten so schnell, als wenn der Teufel hinter uns wäre, trotz des furchtbaren Gewehrfeuers der Chinesen, das sich verdoppelte, als sie unsere blasse Lage erblickten. Da ich am linken Flügel lief und den weitesten Weg hatte bis zum Wald, blieb mir nichts anderes übrig, als mich mit meinen Leuten hinter einigen Totenhügeln zu verschanzen, da wir sonst aus der geringen Distanz von nicht einmal 200 Meter getötet werden konnten. Es entstand ein gegenseitiges Schnellfeuer, das beinahe eineinhalb Stunden währte. Es war unmöglich, sich hinter den Hügeln solange aufzuhalten, zumal die Sonne so brannte, daß ich glaubte, daß wir einen Sonnenstich und von dem fortwährenden Liegen in ein und derselben Stellung Krämpfe bekommen konnten. Es wurde uns ganz unheimlich zumute, denn das Gepfeife der Geschosse wollte nicht aufhören und nahm noch im Gegenteil immer mehr zu. Da ich mit einem deutschen Feuerwerksmaat und noch einem Mann hinter einem großen Hügel stand und mich von diesem nicht wegrühren konnte, da jeden Moment das aufschlagende Geschoß uns die Erde ins Gesicht warf und uns belehrte, sich von dort nicht zu rühren, so wollte ich dem Matrosen sagen, er solle etwas hinaufsteigen auf den Hügel, um auszulugen, wo unsere Hauptmacht lag, da deren Feuer immer mehr verstummte und von zunehmender Entfernung hörbar war. Kaum daß er den Befehl vollführen wollte, fuhr mit einem furchtbaren Getöse eine Kanonenkugel durch den Kopf des Hügels und explodierte unter schrecklichem Donner 50 Meter hinter uns, in dem sie einen Baumstamm zerschmetterte. Schuß auf Schuß folgte, immer drohender und gefährlicher wurde das unheimliche Pfeifen der daherkommenden großen Geschosse, die in kleiner Entfernung hinter uns unter furchtbarem Getöse zerplatzten und alles ringsherum verheerten. Da wir nun die Amerikaner bemerkten, die längs des Ufers und der Mauer einer nach dem anderen ins Dorf drangen, und das Feuer schwächer wurde, so beriet ich mit meinen Leuten, mit Mut so schnell als möglich den Wald zu erreichen, da wir hier nicht bleiben konnten. Zuerst hatte niemand Mut, aus dem Versteck herauszukriechen, aber nach wiederholtem Ermahnen willig-

ten sie ein, und wir verließen unsere Stellung. Wie gehetztes Wild liefen wir dahin, unbekümmert des jetzt furchtbar auf uns gerichteten Schnellfeuers, als die Chinesen unsere blasse Lage erblickten. Jeden Moment konnte ich tot zu Boden stürzen, mancher von uns stolperte, aber immer vorwärts ging es in wilder Eile, um die rettende Deckung zu erreichen. Ein neben mir laufender deutscher Matrose fiel mit einem herzerbarmenden Aufschrei tot zu Boden. Keuchend und matt erreichten wir den Wald, in dem wir uns kurze Zeit, um Atem zu schöpfen, aufhielten, um wieder weiter zu laufen. Wir rannten rechts von der Landstraße, damit wir gedeckt würden, weiter, um die Unseren zu erreichen. Als wenn die Schufte wüßten, daß wir dahinter steckten, so bombardierten sie uns.
Es war ein schrecklicher Gang, jeden Moment begegneten wir entweder Toten, die zerschossen am Boden lagen, oder Verwundeten, die blutig und ohne jegliche Hilfe in der furchtbaren Hitze erbarmend vor Schmerz und Durst standen. Ich gab ihnen zu trinken, soviel wir hatten, und verband sie besser. Dann ging es wieder weiter bis zu einer Brücke aus Holz, über die die Straße führte. Wir füllten uns von dem Sumpfwasser, das seicht und stinkig war, unsere Feldflaschen und ruhten einige Minuten aus. Da der Feind wußte, daß wir unter der Brücke passieren mußten, so begann er dieselbe zu beschießen. Da war guter Rat teuer, entweder oder. Wir nahmen unseren ganzen Mut zusammen und durchwateten in aller Eile bis an die Hüften den Sumpf. Bevor wir noch ins Trockene gelangen konnten, schlug eine große Granate im Wasser ein und brachte das Wasser in so eine Wallung, als wenn eine Wassermine explodiert wäre.
Von hier aus legten wir den Weg kriechend, hier und da uns niederwerfend, zurück. Der Matrose Beilič wurde von einem Schrapnell, das gerade über unserem Kopf krepierte, derart am Arm getroffen, daß er wie tot auf den Boden stürzte. Nach näherem Visitieren bemerkte ich, daß der rechte Arm auf der Schulter ganz blau und geschwollen war. Der Mensch konnte Gott danken, da es so glücklich davon gerutscht war. Hätte das Schrapnell mit der Kante den Arm getroffen, so wäre derselbe entzwei. So aber kam er mit einem blauen Fleck davon.
So kamen wir bis in die Nähe des Flusses, wo die Unseren lagen. Wir liefen schnell über die Straße in einige chinesische Häuser, da der heftige Kugelregen jeden Moment einen von uns töten konnte. Von hier aus übersahen wir den ganzen Fluß, der eine scharfe Biegung etwa 1000 Meter vor uns nach Südost bildete. In dieser Biegung lagen nun unsere Truppen, während auf der linken Seite des Peihos zwei amerikanische Geschütze ein fortwährendes Feuer indirekt auf irgendein Ziel in Südwest unterhielten. Höchstwahrscheinlich war ein weiteres Vordringen nicht möglich gewesen, da sich von dort aus eine ganz flache Ebene ausbreitete. Wir fanden in einem dieser Häuser etwas Petroleum, mit dem wir unsere Gewehre schnell reinigten, da sie so voller Schmutz waren, daß man befürchten mußte, daß sie havarieren. Gebückt traten wir heraus und schlichen den Hügel hinan dem Ufer zu. Hier bot sich uns ein trauriger Anblick dar. Nackte Kinder, Säuglinge, Weiber, junge Mädchen, halb nackt, halb angezogen, lagen schrecklich zerschossen herum. Mitleidig betrachteten wir die armen Menschen, die auf so unschuldige und doch so schreckliche Weise ums Leben gekommen waren. Wir waren erst der Meinung, daß sich unsere Leute in der Wut zu weit hinreißen ließen, aber nach genauer Untersuchung fanden wir, daß der Tod meist durch Bleikugeln oder Granatenstücke erfolgt war. Höchstwahrscheinlich flüchteten die armen Familien aus Angst ans Ufer, wo ihre Dschunken standen und wurden so von dem heftigen Kugel- und Geschützfeuer ihrer eigenen Brüder, der Chinesen, umgebracht.
Ich schickte den Fluß hinauf, um eine Passage zu den Unseren zu finden, und fand zu meinem größten Erstaunen einen Matrosen von uns bis an die Brust im Wasser stehen, welcher irgendwelche Rettungsversuche unternahm. Wir eilten nun dorthin und sahen, wie er Kinder und Frauen aus dem Wasser zog, die weiter stromauf im Dorfe aus lauter Angst den Tod im Wasser suchten. Beinahe eine Stunde stand der brave Matrose namens Devotič im größten Granatenregen, unbeachtet dessen, selbst ums Leben zu kommen, und fischte jeden, welchen er erreichen konnte, auf. Sodann begaben wir uns zu den Unseren. Hier verweilten wir beinahe drei Stunden, ohne uns zu bewegen. Jeden Moment sausten die Granaten daher und schlugen entweder ins Wasser oder am gegenüberliegenden Ufer in den Boden, neben der amerikanischen Batterie. Ein großes Geschoß traf ein amerikanisches Geschütz, zerstörte dasselbe und tötete einen unserer Matrosen, zwei andere wurden schwer verwundet.
Wir hatten uns längs des Uferdammes verteilt, um bis zur Dämmerung hier zu verweilen. Um circa halb sieben Uhr abends bemerkten wir in der Richtung, von der der Chinese schoß, eine riesige Staubwolke.

Es brachen verschiedene Meinungen aus, einige meinten, es erhebe sich ein Wind, der dem in der Wüste Sahara gleiche, andere wieder, es sei chinesische Kavallerie, die in ungeheuer großen Massen daherkäme. Aber bald sollten wir darüber aufgeklärt werden. Das Geschützfeuer ließ allmählich nach; nur hier und da fiel ein Geschoß ins Wasser nieder. In rasender Eile näherte sich fortwährend die Staubwolke gegen uns. Ein Windstoß gerade entgegengesetzt fuhr dahin und vertrieb mit einem Male die Wolke, und wie aus einem Mund erscholl der hundertstimmige Ruf „Kavallerie". Im vollen Galopp näherten sich die Chinesen. Die Lage wurde riesig gefährlich, und es konnte zum Handgemenge kommen, wenn die Chinesen die Idee gehabt hätten, uns auf beiden Seiten zu umgehen und so anzugreifen. Wir wären vielleicht verloren gewesen, oder wenigstens wären viele tot gewesen.
Wir verbreiteten uns am Damm in einer Linie und warteten mit einer gewissen Angst und Spannung, was nun kommen sollte. Die Kavallerie kam nun schnell heran und verteilte sich, während der größte Haufen auf uns zuritt. Sie waren alle mit Gewehren und Lanzen ausgestattet und nahmen sich ganz prächtig aus. Bis circa 200 Meter ließen wir sie heran, dann nahmen wir uns jeder einen aufs Korn und warteten auf den Befehl zu schießen. Da rief der deutsche Kapitän: „Haltet euch brav Kinder, verschwendet nicht unnötig Munition und trefft gut, sonst sind wir in der Falle. 'Feuer!'" Und wie wenn sich die Hölle vor den Chinesen öffnete, schienen unsere Geschosse Tod und Verderben in ihren Reihe zu bringen. Nun folgte der schönste Anblick, den ich je gesehen habe, welcher vielleicht auch bei unserer Kavallerie entstanden wäre. Pferde, Menschen fielen wie Blätter, darunter das Scheuwerden der meisten Pferde, die sich hoch aufbäumten, ihre vor Schrecken erstarrte Last zu Boden warfen und über alle Hindernisse durchgingen. Wir waren sprachlos über das Wirken der vielen Geschosse, und als wir sahen, daß die Chinesen ihren Weg über die Gefallenen suchten, um zu flüchten, so erhoben wir uns und stürmten unter Hurra vor. Wir schossen noch einige nieder, die uns in die Hände fielen, während die anderen glücklich davon kamen: Es war ein schrecklicher Anblick, dieses Totenfeld, das ich nie vergessen werde. Menschen, Pferde lagen drunter und drüber in einem Haufen, gräßlich zerschossen, entweder tot oder verwundet, umher, und wir verließen so schnell als möglich den blutgetränkten Platz.
Da man nur vorläufig vor einem erneuerten Angriff seitens der chinesischen Seite sicher war, so zogen wir uns ins Dorf zurück und begannen, auf das linke Ufer zu überschiffen. Das Überschiffen ging langsam vonstatten, bis zehn Uhr nachts. Wir lagerten längs des Ufers, um auszurasten, da der Weitermarsch um Mitternacht erfolgen sollte. Essen konnten wir nicht, weil es verboten war, da das Feuer uns verraten konnte.

Der 22. Juni war für Vierheilig offensichtlich jener Tag dieser gesamten Expedition gewesen, der sich aufgrund der sich überschlagenden Ereignisse am besten in sein Gedächtnis eingeprägt hat. Er widmet nur diesem Tag eine vermutlich kurze Zeit später verfaßte Ergänzung zur Tagebucheintragung von nicht weniger als 53 Seiten in einem eigenen Heft. Diese um einiges ausführlichere Schilderung bezieht sich vor allem auf die Ereignisse rund um die Erstürmung des Arsenals von Hsiku und das Schicksal der Österreicher in jenen Stunden. Sie wurde in die Tagebucheintragung eingearbeitet. Interessant ist vor allem, daß die Einträge Vierheiligs bisweilen mit den Schilderungen Theodor Winterhalders, der den heroischen Kampf des österreichisch-ungarischen Detachements in den Vordergrund stellt, konterkarieren. Die Eindrücke der am Kampf beteiligten Mannschaften scheinen doch eine etwas andere Sprache zu sprechen als die eines nicht unmittelbar beteiligten Offiziers, der sich zu jener Zeit bekanntlich im belagerten Gesandtschaftsviertel in Peking aufhielt:

Punkt ein Uhr brachen wir auf und marschierten langsam schweigend am linken Ufer stromab. Es war eine prachtvolle mondhelle Nacht. Langsam ging es durch die lautlose Todesstille. Niemand sprach, kein Geräusch, kein Fallen irgendeines Steines, kein Auftreten verursachten die wie Gespenster dahin marschierenden Truppen. Uns kam es vor, als wenn die Natur schliefe. Keinen Windhauch verspürte man, und es lag eine furchtbar drückende Schwüle über der Natur, die auf uns unheimlich wirkte. Jeder erschauerte vor dem Gedanken, was noch kommen sollte, bevor wir glücklich gerettet in Tientsin oder irgendwo erlöst von den Strapazen, dem Hunger und verschiedenen anderen Qualen einmarschieren sollten. Hier und da wurde die lautlose Stille von dem fernen kläglichen Geheul

Zwei chinesische Geschütze

(Heeresgeschichtliches Museum)

1. Länge: 450 cm (mit Lafette). Breite/Radstand: 210 cm. Höhe: 145 cm. Gewicht: 1901 kg

2. Länge: 460 cm (mit Lafette). Breite/Radstand: 210 cm. Höhe: 140 cm. Gewicht: 2439 kg

Die im Kaliber 12 und 14 cm ausgeführten Bronzekanonen wurden im Verlauf des Boxeraufstandes von österreichisch-ungarischen und deutschen Truppen erbeutet und kamen im Jahre 1901 über Berlin in das Heeresgeschichtliche Museum.
Die Bronzerohre stammen – so die chinesisch-mandschurischen Schriftzeichen am Stoßboden – aus der Regierungsperiode Kaiser Kang-His (28. Regierungsjahr, d. i. 1689 n. Chr.). Die beiden Lafetten dürften mit hoher Wahrscheinlichkeit aus dem Jahr 1888 stammen

eines herumirrenden Hundes unterbrochen. Um halb zwei Uhr nachts unterbrachen schwere und dumpfe Kanonenschüsse die schlafende Natur, die aus der Richtung, in der Tientsin liegen mußte, hörbar wurden. Bei einer kleinen Biegung des Flusses konnten wir ganz deutlich das Aufblitzen der Geschütze beim Abfeuern bemerken, auch konnten wir das durch die Lüfte donnernd dahin rollende Pfeifen des Geschosses und dessen Explodieren wahrnehmen. Es war höchstwahrscheinlich ein gegenseitiges Bombardement, denn man konnte nur das von der anderen Seite herankommende Sausen des Geschosses hören. Wir kamen zu einer kleinen Lichtung, die stark vom Mond beleuchtet wurde, und, um uns nicht zu verraten, wollten wir über den Damm, um davon gedeckt zu werden, damit man uns vom rechten Ufer nicht bemerken konnte. Da auf einmal krachten aus einem in nächster Nähe des jenseitigen Ufers befindlichen Dorfe Gewehrschüsse, worauf ein Schnellfeuer folgte. Wir stürzten schnell über den Damm und warfen uns zu Boden, während die feindlichen Kugeln fortwährend zischend über unsere Köpfe dahin fuhren, ohne jegliche Gefahr jemanden zu treffen, da sie bei der Dunkelheit alle zu hoch gingen. Ohne zu schießen, verhielten wir uns ruhig, um die Chinesen zu täuschen, daß wir dort liegen, während unsere Batterie fortfuhr und in größerer Entfernung einige Granaten ins Dorf feuerte, das auch bald in Brand geriet. Beim Ausbrechen des Feuers hörten wir vorne ein mehrmaliges Hurra-Rufen und auf der feindlichen Seite keinen Schuß mehr. Mehrere Granaten von feindlicher Seite flogen sausend über uns hinweg und explodierten in großer Entfernung. Gleich nach dem Einstellen des Schießens aus dem Dorf bemerkten wir einige weiße Raketen, die zischend hoch in die Luft fuhren und mit einem Knall zerbarsten. Es war höchstwahrscheinlich das Signal der Chinesen gewesen, um die anderen darauf aufmerksam zu machen, daß die Europäer angelangt waren.

Zuallererst herrschte das Gerücht, daß es englische Matrosen waren, die uns zu Hilfe kamen, was jedoch falsch war. Da der Feind sich ganz zurückgezogen hatte, so marschierten wir weiter. Diesmal passierten wir Dörfer, ohne sie vorerst zu durchsuchen. Frohen Mutes marschierten wir weiter und schwelgten schon in dem Gedanken, glücklich in Tientsin einzumarschieren, der noch gestärkt wurde, als wir auf einmal ein fernes Glockengeläute hörten, das wie ein Morgengeläute irgendeiner Missionarskapelle klang. Doch wie heimatlich klangen diese Töne, wie wohl taten sie dem Menschen, und jeder nahm andächtig die Kappe ab und murmelte ein Dankgebet. Wie wehmütig war es da ums Herz, und wie stärkten die langsamen, eintönig abgegebenen Glockentöne den Menschen. Wie mit einem Male waren alle Gedanken an Not und Elend verschwunden und vergessen, und jeder marschierte leise singend und frohen Mutes umher. Aber wie furchtbar sollte unsere Enttäuschung sein, die darauf folgte und die einem das Blut erstarren ließ – es läßt sich gar nicht beschreiben. Viele, die sich in Gedanken schon in Tientsin oder an Bord ihres Schiffes sicher wähnten und mit der Hoffnung, daß alle Gefahren glücklich überstanden waren, einhermarschierten, ahnten nicht, daß sie eine halbe Stunde später einen schrecklichen Tod finden sollten.

Da es zu dämmern anfing, so konnten wir nach und nach das andere Ufer und dessen Anlagen sehen. Bei einer Biegung des Peihos stand plötzlich wie hingezaubert die chinesische Fortifikation Wuka genannt Seku [= Hsiku – Anm. d. Hg.] vor uns. Erschrecken hemmte eines jedweden Schritts, als man auf der anderen Seite am Uferwall massenhaft aufgestellte Geschütze sah. Wir konnten nun weder vor noch seitwärts oder zurück gehen, direkt 100 Meter rechts vor uns stand die chinesische Batterie ohne einen Menschen, als wenn nur die Geschütze allein da stünden. Bald darauf erklang von den vordersten Reihen der Ruf „Stoppt!", und wir hielten. Da am anderen Ufer niemand zu sehen war, so rief der amerikanische Kommandant einige Mal etwas auf englisch, worauf ein chinesischer Offizier am Walle erschien, der mit einem weißen Tuch winkte, worauf der amerikanische Kommandant circa fünf Minuten mit dem Chinesen verhandelte. Eines hörte ich noch, wie der chinesische Offizier „no", nein, sprach, dann krachte eine furchtbare Salve, die uns mit Rauchwolken umhüllte. Im ersten Moment stand jeder vor furchtbarem Schrecken erstarrt da, dann erfaßte jeden eine wahnsinnige Todesangst und wie toll stürzten wir uns alle in einen Graben, der kaum eine Hälfte von uns aufnehmen konnte. Tod und Verderben spien die feindlichen Geschütze in unsere Reihen. Schuß auf Schuß dröhnte, als wenn der Untergang der Welt wäre, und die Kugeln sausten aus dieser so kurzen Distanz mit unheimlichem Getöse zwischen unseren Köpfen hindurch, links und rechts alles verderbend. Unter furchtbarem Donnergetöse krepierten die Granaten zwischen uns und töteten alle ringsherum vor Todesangst halb tot liegenden Matrosen. Wo man hinsah, sah man totenblasse Angesichter, die vor Angst unkenntlich waren und deren Augen wie geistesabwesend dahersahen.

Entweder lagen sie glatt am Boden oder kauerten sich drei, vier aufeinander am Boden nieder und erwarteten so den Tod. Ach wie war mir da ums Herz!
Ich glaubte ein Gerinnen meines Blutes in den Adern zu verspüren vor Angst. Der Schweiß trat mir aus allen Poren heraus, den Kopf nach rechts gebeugt, krampfhaft das Gewehr haltend, verspürte ich jeden Moment eine eiskalte Kugel im Leib, dazu das herzzerreißende Todesgeschrei der getroffenen Kameraden, die wie Strohhalme dahingerafft wurden. Als wenn die Hölle vor uns offen wäre, so zischten, donnerten die Geschosse um uns herum, jeden zweiten, dritten niederwerfend. So blieben wir eine Weile liegen, bis sich einer nach dem anderen aus der Erstarrung erholte. Da erklang plötzlich der hoffnungsvolle Ruf: „Wer kann, Kinder, mir nach! Wer sich retten mag, soll kommen!", und weiter gings längs des Grabens. Obwohl wir einige Augenblicke bloßgestellt waren, krochen wir trotz Kugelregens von einem Graben zum anderen, bis wir eine gute, halb geschützte Stellung am Flußwall einnahmen und das Gewehr gebrauchen konnten. Nun schossen wir langsam nacheinander, bis wir feindliche Geschütze zum Schweigen brachten. Während dieser Zeit rückten die Kompanien der deutschen Schiffe *Hertha* und *Augusta* und der britischen Schiffe *Endymion* und *Viacenta* [Hier hat sich Vierheilig offenbar geirrt, vermutlich handelte es sich um H. M. S. *Victorious* – Anm. d. Hg.], circa 200 Mann, vor, überschifften sich an das rechte Ufer, wo das Fort lag, und stürmten dasselbe auf Tod und Leben. Die übrigen der Kolonne Seymour umgingen das von den zuvor genannten Kompanien besetzte, vis-à-vis vom Arsenal liegende Dorf, übersetzten ebenfalls den Fluß und drangen am rechten Ufer gegen das Arsenal vor. Da nun der Chinese diese Stelle, von wo die Unseren stürmten, ganz einfach unbeachtet ließ und die größte Aufmerksamkeit uns zuwendete, so kamen diese ohne schwere Mühe bis ins Arsenal hinein. Diese Gelegenheit benützten wir und aßen einige rohe Gurken und Kohlrabi, die aber derartige Bauchschmerzen erzeugten, daß wir uns kaum bewegen konnten.
Es mißlang den Unseren doch der Plan, unbehelligt hineinzukommen, denn als sie sich in der Nähe der Geschütze am Wall zeigten, empfing sie ein furchtbares Feuer, daß die Unseren einen Augenblick zum Weichen veranlaßte und ihnen weitere Verluste beibrachte. Doch dieses Zögern dauerte nur einige Minuten, dann stürmten sie unter Hurra auf die Geschütze los, die noch geladen waren, wendeten sie und feuerten mitten in den Feind hinein. Hey, diese Kopflosigkeit; alles stürzte durcheinander und suchte zu flüchten, was den Chinesen wohl auch gelang, denn sie zogen sich ins eigentliche Arsenal zurück und hielten auf eine längere Zeit ein weiteres Vordringen ab.
Während nun dieser Teil am rechten Ufer kämpfte, gerieten wir am linken Ufer in eine furchtbare Lage. Da wir unsere ganze Aufmerksamkeit dem Arsenal zuwandten und hiermit vergaßen, das Terrain, auf dem wir lagen, besser zu rekognoszieren, bemerkten wir mit Schrecken, daß wir gänzlich von allen Seiten eingeschlossen waren. Ich hatte gar nicht mehr Zeit, über alles nachzudenken, denn plötzlich eröffneten die Chinesen vom Süden und zwar aus Tientsin ein heftiges Geschützfeuer, dem bald darauf Gewehrsalven folgten. Immer näher und näher zog sich die feindliche Schlinge um uns zusammen, und wir mußten ohne jegliche Hilfe kapitulieren oder umkommen, wenn nicht noch zur rechten Zeit der Einfall gekommen wäre, die Richtung zu ändern, vielmehr die schwache Seite des Chinesen anzugreifen und zum Weichen zu bringen. Da im Norden von Tientsin das Hauptlager der Truppen General Nyes lag, dieser selbstverständlich von dem Kampf verständigt wurde, so war es logisch, daß er sofort den Seinigen Hilfe sandte. Zu unserer Überraschung fanden wir am Flußdamm 8 mm-Mannlicher-Patronen in Tüchern und Kisten eingegraben, welche durch das Hin- und Herrutschen mit den Füßen an die Oberfläche gelangten. Offenbar haben sich die Chinesen schon im voraus versorgen wollen und die Munition hier eingegraben, anderes kann ich mir nicht denken. Wir nahmen uns, über den kostbaren Fund riesig erfreut, jeder eine Ganzhundert-Patrone mit, da dieselben anstandslos ins Gewehr paßten und konnten jetzt nach Herzenslust schießen. Den Rest vergruben wir sorgsam, da wir nicht wußten, was noch folgen konnte.
Um circa sechs Uhr ertönte von seiten der Engländer das Hornsignal zum Vorrücken. Wir passierten das kleine Dorf und rückten nun zuerst durch einige Gemüsegärten, dann jedoch auf freiem Terrain in langen Schwarmlinien, bald kriechend bald laufend, gegen die Nordseite von Tientsin vor. Am äußersten linken Flügel, dem Bahndamm zu die Männer der *Zenta,* dann kamen die Detachements der *Augusta, Hertha* und beim Flußdamm *Endymion.* Kaum 2000 Meter entfernt von den Häusern, erscholl auf einmal ein schrecklicher Ruf, der uns eine heillose Angst einjagte. Mit Schrecken wandten sich unsere Blicke gegen

K.u.k. „Marine-Kavallerie“ in Tientsin 1900/01 (Manfred Litscher, Wien)

den Bahndamm, auf dem wir eine ungeheuer große Anzahl von chinesischen Flaggen bemerkten, der Bahndamm wimmelte voller Menschen, Pferde etc. wie ein Ameisenhaufen, die immer näher herankamen. Bevor wir noch zu rechter Zeit gegen den Peiho flüchten konnten, fuhren schon die Geschosse unheimlich zwischen unsere Reihen, dazwischen dröhnten die feindlichen Kanonenschüsse, die die ganzen Reihen unserer Leute ins Wanken und in die wilde Flucht trieben – ein mörderisches Schnellfeuer, so daß wir förmlich in einem Regen von Schrapnells und Kugeln am Boden liegen und jede kleine Pause zum Vordringen benützen mußten. Einer nach dem anderen flüchtete ins Wasser, um sich zu retten, und wir wateten im Fluß bis in das früher erkämpfte Dorf. Circa 100 Meter vor dem Dorf konnten wir im Fluß nicht mehr weiter, da erstens an dieser Stelle das Wasser sehr tief war, und zweitens uns der Feind, der längs des Ufers in den Häusern lag, gerade ins Gesicht schoß. Auf diese kurze Strecke bis ins Dorf mußten wir uns nun bloßstellen. Wie Furien stürzten wir auf dem Damm dahin, trotz der zischenden Geschosse, die uns unter den Beinen dahin fuhren. Zwei deutsche Offiziere, welche meinen Zug kommandierten, fielen, einer hatte einen Schuß in die Brust, der andere ins Auge abbekommen. Bald darauf brüllten ein paar Verwundete vor Schmerz (meistens lauter Kopfschüsse), die Kugeln fauchten glühend um den Kopf herum und die Zeit verging langsam, ohne daß wir an Terrain viel gewonnen hatten …
Es ist tatsächlich unmöglich, auch nur einen Bruchteil des ganzen Vorganges zu schildern, der folgte. In wilder Flucht, einer den anderen stoßend, voller Not und Scham, bis an den Mund im Wasser watend, wollte ein jeder dem anderen zuvorkommen, dabei fehlte es nicht an Püffen und Hieben, die ausgeteilt wurden, und ich selbst erhielt einige sehr unsanfte Stöße, doch konnte ich nichts dagegen tun und mußte dieselben ohne weiteres hinnehmen. Der Flußdamm bildete vor dem Dorfe einen kleinen Vorsprung, welcher circa zwei Meter tief in den Fluß ragte und von im Wasser stehenden Piloten umgeben war. Diesen Vorsprung benützten wir nun, um auf dem Damm und von da in das Dorf zu gelangen. Da der Damm an dieser Stelle sehr hoch und steil war, so mußte einer dem anderen auf die Schulter steigen, um emporzukommen. Da jedoch in der angstvollen Hast einer dem anderen nicht den Vorrang lassen wollte, so stauten sich die ganzen Matrosen um den Vorsprung, fluchten und schimpften auf die vordersten, die nicht weiterkamen, und als gar aus einigen Häusern, welche an der Biegung des Flusses stromab lagen, hinterrücks auf uns geschossen wurde, wurden die um den Vorrang Streitenden von dem rückwärtskommenden Druck der Menge, der durch das Schießen entstand, von selbst hinaufbefördert, und nun ging das Aufwärtssteigen schnell vonstatten. Wir waren bei den letzten und mußten in dieser unangenehmen Situation am längsten verharren. Als ich einem deutschen Kameraden in die Höhe half, rutschte dieser aus, da der Aufstieg durch die vom Wasser triefenden Kleider und Schuhe derartig naß und kotig war, daß ein Emporklimmen schwer war. Da ich unter ihm stand, fiel er auf mich und warf mich rückwärts ins Wasser. Ich wäre unfehlbar ertrunken, wenn nicht zufällig ein Engländer mich rettete, dem ich noch dazu beim Aufwärtssteigen als Dank derartig auf die Finger trat, daß er vor Schmerzen aufschrie. Endlich oben angelangt, stürzte ich mit den anderen im dichten Kugelregen ins Dorf.
Abends im Dorf angekommen, verteilten wir uns sofort, um den stürmenden Feind zu erwarten, der uns nun ins Kreuzfeuer nahm und bombardierte. Wir und eine Kompanie russischer Matrosen bildeten den rechten und die Japaner den linken Flügel. Wo die Deutschen hinkamen, weiß ich nicht. Offenbar kämpften sie vom Dorf aus gegen die vorstürmenden Chinesen. Unsere Lage wurde schrecklich, denn nach und nach fingen alle Häuser an zu brennen, die die einschlagenden Granaten in Brand steckten, und drohten uns auszudörren und zu ersticken. Da die Lage immer drohender und gefährlicher wurde, beschlossen wir, noch einmal gegen den Feind vorzugehen, und zwar gegen den Bahndamm. Wir gelangten langsam kriechend, vor dem heftigen Kugelregen uns duckend, bis zu einer von einem niederen Wall umgebenen Grabstätte, die sehr stark mit Gestrüpp bewachsen und mit Totenhügeln bestreut war, und mußten, da ein weiteres Vordringen unmöglich war, daselbst bleiben. Links von uns (etwa 150 Meter entfernt) lagen in einem Graben die Japaner, welche die linke Flanke – gegen eine große Brücke zu – besetzten.
Die Sonne brannte furchtbar. So lagen wir da von halb neun bis zwei Uhr nachmittags in der fürchterlichsten Hitze, ohne Wasser und schon seit zwei Tagen fast ohne Nahrung, ohne uns viel bewegen zu können, da wir die Chinesen, die gleich uns aus einer guten Deckung mit rauchlosem Pulver hervorschossen, nicht sehen konnten. So wäre das Schießen gegen den unsichtbaren Feind, hätten wir ihn nicht mit den ziellosen Schwarm- und Schnellfeuern in Schach gehalten, zwecklos gewesen. Wie gesagt, hatten wir unter

der schrecklichen Hitze, die Temperatur war sicher über 40 Grad, sehr viel zu leiden, und manchmal glaubte ich, besinnungslos zu Boden zu stürzen, so betäubend wirkten die heißen Sonnenstrahlen. Die durch die Schwere des Tornisters erzeugten Wunden auf den Schultern und auf der Brust, die mit dem Kot und Schlamm des Flusses bedeckt waren, erzeugten derartige Schmerzen, daß ich oft daran war, denselben liegen zu lassen.

Es war gegen halb zwei Uhr nachmittags, als auf einmal ein Japaner herüberschrie, daß die Chinesen vorgingen und in der Nähe der Brücke Kavallerie gesichtet wurde. So gut wir unsere Augen auch anstrengten, konnten wir niemanden sehen, doch hörten wir zu unserem Schrecken, daß die Schüsse uns gegenüber aus sehr kurzer Distanz erschollen. Mehrere Japaner liefen auf die Brücke zu und besetzten dieselbe. Auf einmal rief Matrose Puljar, daß er einen Reiter bemerkt hatte, der gegen die Brücke ritt und im Graben

Westliche Befestigung der Militärschule von Tientsin. Der Wall läuft rund um die Anstalt und besteht aus bräunlichem Lehmboden (Heeresgeschichtliches Museum)

verschwand. Mein Herr Kadett bemerkte durch seinen Feldstecher einen chinesischen Reiter, der im vollen Galopp auf die Brücke zuritt. Da er nicht sicher war, ob es ein Kavallerist war, gab er mir das Glas mit dem Bemerken, einmal selbst nachsehen zu wollen. Da er während dieser Zeit noch näher kam, erblickte ich sofort in ihm einen jener Kavalleristen, die uns Tage vorher angegriffen und die wir in eine panikartige Flucht getrieben hatten. Wir spähten nun hinüber, und es dauerte nicht lange, so kam derselbe wieder zum Vorschein. Wir konnten ihn ganz leicht erkennen. Es war ein chinesischer Kavallerist mit Gewehr, Säbel und Lanze bewaffnet. Diesmal tauchte er zwischen den Japanern und der Brücke auf, doch riß er sein Pferd herum und galoppierte in der Richtung gegen den Bahndamm zurück. Da er nun ahnungslos zwischen die Japaner kam und einsah, daß er verloren sei, so wollte er sein Heil in der Flucht suchen. Er passierte gerade einen Japaner, der als Vorposten hinter einem Totenhügel lag, und wurde vom Pferd heruntergeschossen. Das Pferd, das nun herrenlos war, stürmte in wilder Eile davon; es war ein Schimmel. Der Japaner lief nun zur Stelle, wo der Getroffene lag, nahm dessen Gewehr und Lanze, sprang auf einen Totenhügel, schwang höhnend gegen die Chinesen die Waffen über dem Kopfe und verschwand wieder. Trotz des furchtbaren Schnellfeuers kam er glücklich zu den Seinen zurück. Wir waren über diesen schnellen Vorgang und den tollkühnen Mut des Japaners sprachlos und riefen einige Male „Hurra", um diesem unsere Freude über seine Tapferkeit kundzugeben. Dieses „Hurra" veranlaßte einige Schwadronen chine-

Österreichische Marinebewaffnung

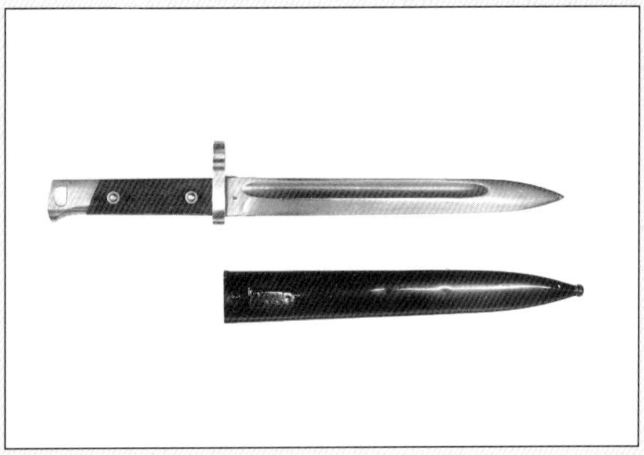

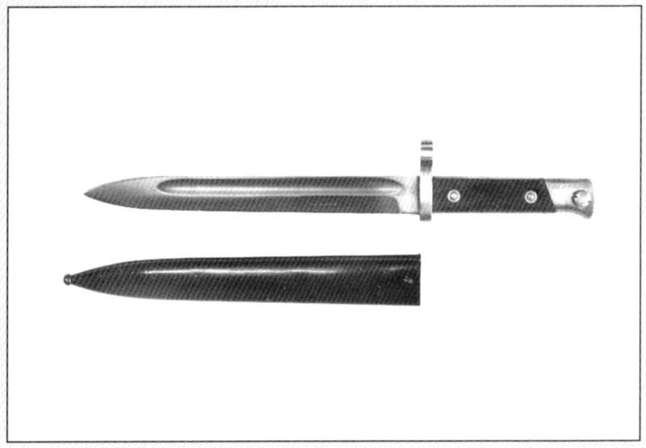

Messerbajonett M 1888 und M 1890 für Repetiergewehr System Mannlicher
(Heeresgeschichtliches Museum)

Gesamtlänge mit Scheide: 390 mm
Gesamtlänge ohne Scheide: 370 mm
Klingenlänge: 247 mm
Klingenbreite: 27 mm
Grifflänge: 120 mm
Bohrungsdurchmesser: 16,5 mm
Gewicht mit Scheide: 550 g
Gewicht ohne Scheide: 370 g

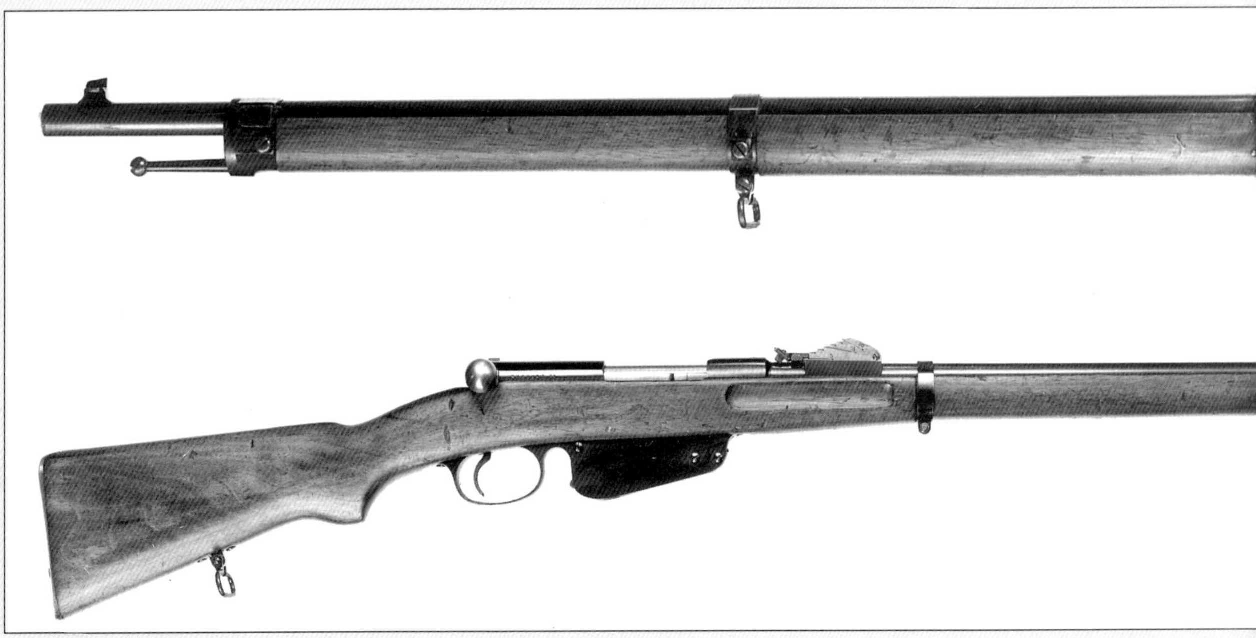

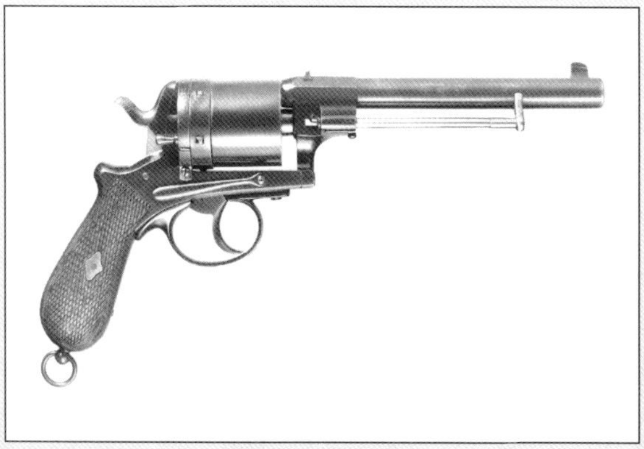

Marinerevolver M 1870 System Grasser (Heeresgeschichtliches Museum)
Sechsschüssiger Zentralfeuerrevolver mit Doppelspannung und offenem Gehäuse
Gesamtlänge: 320 mm
Länge des Laufes: 184 mm
Kaliber: 11 mm
Anzahl der Züge: 6 mit Rechtsdrall
Gewicht: 1370 g

Repetiergewehr M 1890 (Heeresgeschichtliches Museum)
Gezogener Hinterlader mit Geradezug-Fallriegelverschluß und Kastenmagazin für 5 Patronen im Mittelschaft. System Mannlicher
Gesamtlänge: 1280 mm
Länge des Laufes: 765 mm
Kaliber: 8 mm
Anzahl der Züge: 4 mit Rechtsdrall
Gewicht: 4500 g

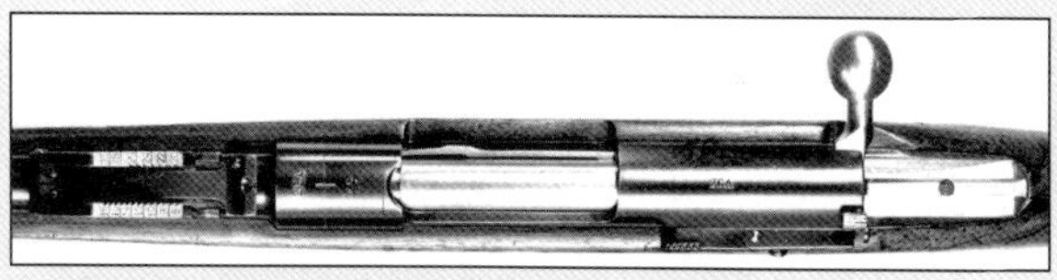

Erbeutete Geschütze in der Militärschule von Tientsin (Heeresgeschichtliches Museum)

sischer Kavalleristen, die von uns unbemerkt, wohl aber von den Japanern bemerkt, auf uns zuritten, abzusitzen und in der Stellung zu verharren. Ich glaube, diesmal hätten wir nicht standgehalten und wären auf Stücke zusammengehauen worden.
Wir eröffneten nun nach dieser Richtung hin ein Schnellfeuer und hielten so den Feind in Schranken. Die Geschützbatterien am Bahndamm fingen an lästig zu werden, da mit der Zeit die Chinesen, die ihre Feuer meist auf das hinter uns liegende Dorf und Arsenal richteten, durch den vorhin erwähnten Vorfall auf die Lage der Japaner aufmerksam gemacht, nach und nach sich einschossen und ihre Granaten in der unmittelbaren Nähe vor uns in die Erde schlugen. Um circa ein Uhr mittags fingen die Batterien der Nordseite Tientsins, die uns schon vormittags beschossen hatten, an uns zu bombardieren. Übers Dorf und Arsenal kamen gleichfalls Geschosse dahergeflogen, welche jedoch alle zu weit gingen und meist die Chinesen trafen. Dies kam daher, weil eine Batterie von drei größeren Feldgeschützen, welche die verjagten Chinesen vom Arsenal nur westlich von diesem circa vier Kilometer entfernt aufstellten und das Feuer auf das Arsenal richteten. Da jedoch die chinesischen Vormeister die Distanzentfernung nicht streng nahmen, so flogen die meisten Granaten übers Arsenal und unsere Köpfe und trafen somit ihre eigenen Landsleute, die natürlich der Meinung waren, sie stammen von den Alliierten.
Das immer heftigere Auftreffen der feindlichen Granaten zwang die Japaner zum Rückzug in das hinter uns liegende Dorf, da sie gerade im Zentrum des Kreuzfeuers der Chinesen lagen. Da nun der Feind bemerkte, daß sich dieselben zurückzogen, ging er vor. Am Anfang ahnten wir gar nicht, daß die Japaner sich zurückgezogen hatten, bis die Chinesen, die bis auf 50 Schritte uns gegenüber kamen, ein Schnellfeuer auf uns errichteten. Erst jetzt sahen wir, daß diese uns in Stich gelassen hatten, ohne uns vorher zu verständigen. Meiner Ansicht nach war es schuftig, denn sie konnten ganz gut zu uns herüberrufen und uns darauf aufmerksam machen, daß der Feind vorgehe. Da wir nun 19 Österreicher und circa 40 Russen waren und gegen eine Übermacht von vielleicht x-Tausenden nicht kämpfen konnten, ohne ums Leben zu kommen, so retirierten wir ebenfalls und nahmen die frühere Stellung der Japaner ein, um von da nötigenfalls ins Dorf zu gelangen. Doch bald belehrten uns die dicht neben uns einschlagenden Granaten, daß wir unser

Heil in der Flucht suchen sollten. Wir zogen uns so schnell es ging in das früher erwähnte Dorf, das schon von allen Seiten brannte, zurück.
Was nun tun? Es war schrecklich. Wir waren nur 200 Mann ohne Kommando, denn alle unsere Offiziere waren tot oder verwundet, mit Ausnahme unseres Kadetten und eines französischen, und beide verteidigten die Seite, welche gegen Tientsin lag, auf der unseren, gegen den Bahndamm, war niemand. Immer näher kamen die Chinesen, und jeden Moment konnten sie ihre Deckungen verlassen und gegen uns stürmen, da wir nun ratlos dastanden. So wie ich bemerkte, hatte das Dorf nur zwei Gassen und zwar eine senkrechte, welche mit der längs des Flusses dann parallel laufenden anderen Gasse einen rechten Winkel bildete. Das Ende der senkrechten Gasse lag gegen den Bahndamm, die Enden der parallelen Gasse lagen eines gegen Norden von Tientsin, das andere gegen den ausgetrockneten Flußarm. Das Dorf lag ziemlich erhöht und frei da und konnte von allen Seiten bombardiert und leicht gestürmt werden. Im Falle eines Sturmes seitens der Chinesen hätten wir keinen Augenblick standgehalten und wären unbarmherzig massakriert worden. Am Ende der senkrechten Strecke standen rechts und links zwei Häuser aus Lehm. Vor dem linken Haus stand noch eine Art Wand mit einem Dache, welche als Ablagerungsstätte des Unrates diente. Da der Eingang des rechts liegenden Hauses vorne lag, so besetzten wir das linke und benutzten die erwähnte Wand als Schutz gegen die Kugeln.
Ich erhielt nun den Befehl vom Herrn Kadetten, von hier aus das Dorf zu verteidigen, und teilte mir die Leute danach ein. Die Chinesen waren bis auf circa 200 Schritte herangekommen und eröffneten nun ein mörderisches Schnellfeuer. In der Gasse regnete es derartig von Kugeln, daß sich niemand zeigen durfte, ohne eine zu erwischen. Selbstverständlich bombardierten sämtliche feindliche Geschütze das Dorf, und wir liefen Gefahr, ausgeräuchert zu werden. Unsere Lage war entsetzlich. Der Rauch der brennenden Häuser nahm uns fast den Atem, dabei verdunkelte es unser Ziel so, daß wir von den Chinesen sekundenweise nichts sahen. Die Sonne brannte furchtbar, der Durst wurde immer größer, und mir klebte die Zunge am Gaumen an. Nirgends war ein Tropfen zu finden, außer im Peiho, aber wer hätte es gewagt, eines zu holen, denn er hätte keine zehn Schritte getan, ohne es mit seinem Leben zu bezahlen.
Es verging die Zeit unter den schrecklichsten Leiden, ohne daß eine Änderung der Situation eintrat. Zu unserem Schrecken fingen die Verschlüsse der Gewehre zu havarieren an, da dieselben durch die Nässe rosteten und der Schmutz in den Verschluß- und Laderaum drang. Ich schickte einen Matrosen ins Haus mit dem Auftrag, er möge nachsehen, vielleicht finde er im Haus Petroleum, da wir in diesem Fall sofort einer nach dem anderen das Gewehr putzen konnten. Da mir der Matrose zu lange ausblieb, schickte ich einen zweiten nach, um nachzusehen, was mit ihm los sei. Da auch dieser nicht kam, entschloß ich mich selbst zum Nachsehen und fand dieselben in einem Zimmer, dessen Tür auf den Hof ging und offen war, mit vier russischen Matrosen zusammen. Zwar hatten sie Petroleum gefunden und putzten ihre Gewehre, doch bemerkte ich, daß die Russen betrunken waren und meine Leute zum Trinken aufforderten. Ich wies meine Matrosen streng hinaus und verbot ihnen, nur einen Schluck zu machen, da ich sonst strafend gegen sie vorgehe. Sie meldeten mir, daß die Russen im Zimmer in einem großen Topf den sehr starken und übelriechenden chinesischen Branntwein „Schanzehe" gefunden hatten und daß sie fast ganz betrunken seien. Ich schickte die zwei weg mit dem Befehl, daß einer nach dem anderen hereinkomme, um sein Gewehr zu putzen, und verblieb aufsichtshalber im Hof, um zu verhindern, daß meine Matrosen von dem Schnaps tranken.
In der fortwährenden Aufregung hatte ich gar nicht daran gedacht, wie viele Leute ich habe und wo der Herr Kadett stecke. Ich fragte einen Matrosen nach diesem und erfuhr zu meinem Staunen, daß er gar nicht da sei und daß die meisten Leute mit ihm fehlten. Ich war derartig betroffen, daß ich im ersten Moment gar keinen rechten Gedanken fand, und zu meiner Verblüffung zählte ich zum Schluß mit mir sechs Mann. Ich war ganz außer mir, denn wenn ich bedachte, daß man uns sechs Mann einfach ohne weiteres hier zurückließ, um gegen vielleicht Tausende Chinesen zu kämpfen, so schwindelte es mir förmlich vor Angst. Tatsächlich erfaßte mich auch ungeheure Aufregung. Sechs Mann, wie lächerlich und hohnvoll klingt das, wenn einer hört, daß sechs Mann gegen Hunderte ein Dorf verteidigen, so lacht er ihm ins Gesicht. Es klingt wohl märchenhaft, doch war es eine Tatsache. Ich wollte noch abwarten, bis der letzte Matrose sein Gewehr putzte, um dann nachzusehen, wo der Herr Kadett mit den übrigen Leuten steckte. Vielleicht traf ihn ein Unglück, wer konnte es wissen.

Die betrunkenen Russen fingen zu singen an und kümmerten sich um keinen Teufel. Da ein Matrose mir zu lange das Gewehr putzte und trotz wiederholtem Befehl, auf seinen Verteidigungsplatz zurückzukehren, nicht folgte, so geriet ich in Zorn und expedierte ihn mittels eines Stoßes hinaus. Er hatte kaum einige Schritte getan, als er plötzlich das Gewehr fallen ließ, mit beiden Händen Mund und Hals zuhielt und in den Hof zurücklief, wo er mit einem dumpfen Laut zu Boden stürzte. Ich hob das Gewehr auf und stürzte ihm nach. Er hatte einen Schuß in die linke Halsschlagader erhalten, welcher offenbar durch die Kehle ging und mitten am Kinn heraustrat. Das Blut spritzte mir ins Gesicht, als ich mich über ihn beugte, um zu sehen, wo die Wunde lag. Ich riß schnell meine zwei Handtücher, mit welchen ich meine Wunden auf der Brust zudeckte, heraus, um das Blut zu stillen, und trug ihn mit Hilfe eines Matrosen in ein Zimmer, welches gleich hinter der erwähnten Schutzmauer lag. Ich war vollständig ratlos. Von der Ersten Hilfe bei Verwundeten hatte ich keine Ahnung, überhaupt von der Behandlung der Schußwunden und Verwundeten keinen blauen Dunst. Einen Sanitätsmatrosen oder Verwundetenmarsgast gab es bei uns nicht, und die übrigen Matrosen, welche sich um den Verwundeten scharten, schauten so erschreckt und bekümmert drein, daß von ihnen kein Wort herauszubekommen war. Ich hielt mit dem Finger die Öffnung der Schlagader zu, aber trotzdem strömte das Blut unter dem Finger hervor. Bei jedem Atemzug drang ein ungeheurer Strom von Blut bei Mund und Nase und schließlich bei den Augen und Ohren hinaus. Es war schrecklich anzusehen, wie der arme Mensch leiden mußte, und ich stand dabei und konnte ihm nicht helfen, ihm den Tod nicht erleichtern. Dabei fauchten die Kugeln und Granaten über uns dahin, und der Rauch wurde immer ärger.

Ich will es nicht beschreiben, aber wie es mir damals weh tat, wie ich den armen Menschen vor mir liegen sah, den gläsernen Blick auf mich gerichtet, und wie bei jedem Atemzug das Blut aus dem Mund in Strömen herausdrang, da dachte ich schaudernd daran, daß es mir jeden Moment auch so ergehen konnte. Mir trat der Angstschweiß auf die Stirn, und es lief mir angesichts des vor mir langsam verblutenden, in seinem Blute förmlich schwimmenden Menschen, dessen blutunterlaufene Augen mich anklagend und zugleich hilfesuchend anstarrten, ein kalter Schauer über den Rücken. Ich schrie die Matrosen, die wie Holz herumstanden, an, sie mögen Wasser herbeischaffen, um den Unglücklichen vom Blut abzuwaschen. Endlich nach einigen peinvollen Minuten erschien ein Matrose und brachte einen Krug mit Wasser und ein Lavoir. Die Hitze und der Geruch des Blutes wirkten derartig auf mein Herz, daß ich mich anhalten mußte, um nicht umzusinken. Ich hatte ihn etwas vom Blute reingewaschen, und da das Wasser nicht reichte, ließ ich noch eines holen und sandte die Matrosen auf ihren Platz zurück. Da jedoch immer wieder ein Blutstrom das ganze Gesicht des Sterbenden übergoß, so konnte ich nichts anderes tun, als das Blut aus dem Gesicht wegzuwischen. Eine gute Viertelstunde hatte der arme Teufel schrecklich zu leiden, und als ich bemerkte, daß er kein Lebenszeichen mehr von sich gab, nahm ich den Rest des Wassers und wusch ihn rein. Während ich ihn reinigte, hörte ich plötzlich über mir ein Gebrause, dann ein gewaltiger Druck und ich lag über und über mit Schutt und Staub bedeckt auf dem Toten. Zur gleichen Zeit folgte draußen im Hof ein peitschenartiger Knall, so gewaltig, daß der Erdboden förmlich bebte, ein furchtbares Getöse wie das Einstürzen eines Hauses folgte, dann war alles wieder ruhig. Ich raffte mich auf und stürzte hinaus in den Hof, wo mir ein furchtbar stinkender Schwefelgeruch entgegenwehte, der mir den Atem nahm und zum Brechen reizte. Die Matrosen, ebenfalls ganz erschreckt, kamen atemlos hereingestürzt, da die Granate über ihre Köpfe geflogen und sie der Meinung waren, mir wäre etwas passiert. Mich hatte auch diesmal der Tod nicht gewollt, wohl aber sollte er sich als Opfer einen der russischen Matrosen holen, denn der Matrose hatte in dem Zimmer, in welchem die Granate explodierte, höchstwahrscheinlich seinen Rausch ausgeschlafen und wurde buchstäblich zerfetzt. Da das Gebäude rückwärts eingestürzt war und lichterloh brannte, das Zimmer ganz zerstört wurde, so konnte ich nur einige Rumpfteile und das Blut des Toten sehen, weiter nichts. Die übrigen Russen waren spurlos verschwunden.

Die Chinesen kamen immer näher. Unser Verteidigungshaus brannte langsam ab, und wie lange konnte es noch dauern, dann mußten wir unsere letzte Position aufgeben und flüchten. Da ich jedoch einsah, wie wichtig für uns dieser Platz war und wir standhalten mußten, da wir sonst unfehlbar verloren waren, zumal die Truppen, welche die Südseite des Dorfes verteidigten, sich gänzlich auf uns verließen und ich schließlich keinen übereilten Rückzug antreten wollte, ließ ich den Leuten sagen, sie mögen sich brav halten, und ging Hilfe suchen. Ich lief, was ich konnte, die Gasse entlang und bog dann links in die Parallelgasse ein.

Auch hier flogen mir Kugeln entgegen, und ich bemerkte, wie Engländer, Franzosen und Italiener scharenweise Salven abgaben. Ich fragte einen Italiener, ob er nicht vielleicht meinen Offizier gesehen hätte, und dieser zeigte mürrisch auf ein Haus, auf das ich zuging. Ich bemerkte, daß der Herr Kadett mit einem französischen Offizier sprach, und trat mit der Meldung hinzu, Matrose Deste sei gefallen, die Stellung unhaltbar, wir seien nur fünf Mann zur Verteidigung, da einer tot sei, die Chinesen kämen immer näher, das Haus brenne und wir seien dem größten Gewehrfeuer preisgegeben. Ich hatte kaum die Bitte um Hilfe ausgesprochen, als einer meiner Matrosen auf mich zustürzte und mir atemlos meldete, die Chinesen dringen schon ins Dorf ein, sie könnten sich nicht mehr halten. Ohne eine Antwort des Herrn Kadetten abzuwarten, stürzte ich mit dem Matrosen von dannen.
Ich weiß nicht, wo ich den Mut hernahm, denn diesmal, als ich die so schreckliche Gasse entlanglief, den feindlichen Kugeln gerade entgegen, hörte ich gar nicht das Brausen, nur vorwärts zu den anderen, damit die Chinesen nicht hineinkönnen. Als ich daselbst anlangte, hörte ich zu meiner Erleichterung, daß der Feind wohl schon ganz nahe, vielleicht jeden Moment in den Sturm übergehen kann, jedoch von einem Eindringen keine Rede sei, da ja sonst wir an erster Stelle massakriert werden müßten. Ich gab nun mit meinen vier Mann zuerst Schwarmsalven ab, dann gingen wir zum Schnellfeuer über. Wir waren schon ganz müde vom Schießen, die Zeit verging und noch immer kam keine Hilfe. Wir waren ganz verzweifelt und endlich nach langen bangen Minuten hörten wir auf einmal neben uns „Hurra" rufen und eine Kompanie Russen stürmte gegen die Chinesen vor, die sich auf das Hurra hin sofort zurückzogen. Die Russen zogen sich, als sie sahen, daß der Feind retirierte, wieder zurück und eine halbe Stunde später waren sie spurlos verschwunden, und wir konnten, anstatt erlöst zu werden, wieder weiterverteidigen. Die natürliche Folge war, daß die Chinesen wieder herankamen und ihre frühere Stellung einnahmen, ja sie drangen sogar gegen die Südseite des Dorfes vor. Mir schien das kein gutes Zeichen, und eben wollte ich mich entschließen, noch einmal den gefährlichen Gang um Hilfe anzutreten, als ich meinen Namen rufen hörte. Ich wandte mich um und bemerkte den Herrn Kadetten, welcher mir zurief, sofort den Toten zu nehmen und so schnell als möglich nach dem Fluß zu setzen, da alle das Dorf verlassen haben und sich drüben im Arsenal zurückziehen. Er machte hierauf kehrt und lief davon. Ich glaubte, einen Faustschlag ins Gesicht zu erhalten, so niederschmetternd wirkte die Nachricht. Die Matrosen waren sprachlos, daß man uns erst jetzt verständigte und wir am entlegensten vom Arsenal und fast vor dem Rachen des Feindes lagen, und fünf Mann. Das war dann doch schon zu arg. Noch dazu mußten wir noch eine Tragbahre zusammenstellen, da wir keine hatten. Matrose U., ein Herkules von einem Menschen, warf mit einer derartigen Wut eine Türe ein, daß die ganze Seitenwand einstürzte. Auch bemerkte ich eine furchtbare Aufregung unter diesen, denn sie weigerten sich strikt, den Toten mitzunehmen, und schimpften fortwährend, sie wollen sich nicht zusammenhauen lassen, der Tote spüre sowieso nichts mehr. Endlich gelang es mir doch, sie anders zu stimmen, und nachdem wir den Toten auf die Türe gelegt hatten, stürzten wir die Gasse entlang dem Flusse zu. Anstatt hinter den Tragenden zu bleiben, ging ich vor diesen her, was ein Murren bei den Matrosen erzeugte, doch eine gewisse Ahnung trieb mich vorwärts, und tatsächlich an der Ecke traf eine Kugel den unter dem Kopf befindlichen Bügel meines Tornisters. Eine Sekunde später und ich hätte fast denselben Schuß wie der Matrose Deste in den Hals erhalten. Mir schauderte bei dem Gedanken daran, und ich atmete erleichtert auf, als wir endlich am Flußdamm anlangten, wo die anderen auf uns warteten.
Wir hatten noch zur rechten Zeit die Dschunke erreicht, denn kaum am anderen Ufer angelangt, als auch schon der Feind vom Dorf auf uns zu schießen anfing. Erbost darüber, daß wir ihnen entkommen waren, schossen sie in einem rasenden Schnellfeuer, daß uns Gott sei Dank nicht mehr gefährlich wurde. (...) Es wurde gerade sechs Uhr abends.
Die Alliierten hatten während der Zeit, in der wir das Dorf verteidigten und als sie nach schwachem Widerstand die Nordseite des Arsenals erstürmten, sofort die am Wall zurückgelassenen Geschütze bemannt und beschossen das weit innen liegende, von einem niedrigen Wall umgebene Lafettendepot, welches die Chinesen auch nach kurzem Widerstand aufgeben mußten und sich gegen die Südseite des Arsenals zurückzogen. Nach langem, hartnäckigem Kampf gelang es endlich, den Feind gänzlich aus dem Arsenal zu vertreiben und so dasselbe dem ganzen Umfang nach zu besetzen.
Nachdem die Visitierung sämtlicher innerhalb des Arsenals liegender Waffen, Geschütze und Munitionsdepots sowie aller militärischen Wohnhäuser ohne Zwischenfall stattgefunden hatte und der Feind für heute

Tientsin. Katholische Kirche und chinesisches Fort vor der Beschießung (Heeresgeschichtliches Museum)

Tientsin. Russisches Lager hinter den Wall, Juni 1900 (Heeresgeschichtliches Museum)

Tientsin. Straße mit zerstörten Häusern (Heeresgeschichtliches Museum)

Taku-Forts. Ein modernes chinesisches Geschütz nach der Einnahme (Heeresgeschichtliches Museum)

zum Schweigen gebracht wurde, wurden sämtliche Verwundete, Tote sowie der gerettete Proviant aus den Dschunken ins Arsenal transportiert.
Jeder Macht wurde sein Verteidigungsort angewiesen, und nachdem der allgemeine Appell der einzelnen Schiffsbemannungen erfolgt war, wurde konstatiert, daß unser heutiger Verlust circa 60 Tote, 100 Schwer- und 50 Leichtverwundete umfaßte. Nach Angabe gefangener chinesischer Soldaten sollten uns circa 8000 Mann regulärer Tschili-Korpstruppen unter dem Kommando des Generals Nye angegriffen haben. Auf unserer Seite fiel der Matrose Deste, Matrose B. wurde durch einen Schrapnellschuß am Fuß verwundet.
Nachdem (...) der Wall in Verteidigungszustand gesetzt wurde, konnten wir endlich ausruhen. Nach zwei Tagen angestrengten Marsches, immerfort im Gefecht, konnten wir endlich unser karges Mahl, bestehend aus nassem Zwieback und einer Ration Rauchfleisch, verzehren. Den Käse, der ganz schimmlig war, hatten wir den anderen Nationen überlassen, die wie heißhungrige Wölfe darüber herfielen und ihn verzehrten, sogar die Offiziere wie etwa der amerikanische Kapitän. Diese waren fast alle auf halbe Rationen beschränkt worden, da der Proviant höchstens auf vier Tage reichte, die Leute durchwegs an Dissentrie und der Ruhr litten und überdies durch die fortwährenden Kämpfe, schlaflosen Nächte (z. B. schlief ich während der letzten fünf Tage kaum zwei Stunden) und die überaus anstrengenden Strapazen und Märsche derart herabgekommen waren, daß von einem länger als vier Tage dauernden Widerstand gar keine Rede sein konnte.
War das doch ein Zeichen, daß sogar die Offiziere nicht viel Besseres zum Essen hatten als die Mannschaft. Ich konnte es nicht sehen, daß so ein greiser tapferer Schiffskommandant nur faulen Käse essen solle, und holte, nachdem ich vom Herrn Kadetten die Erlaubnis erhielt, zwei Konserven à zwei Rationen und übergab dieselben dem amerikanischen Kapitän mit der Bitte, sie annehmen zu wollen, da es von Herzen käme. Er war sehr gerührt von meiner Handlungsweise und drückte mir unzählige Male aus Dank die Hand.
Während der Rast erkundigte ich mich nach unserer Situation und erfuhr, daß wohl für heute ein Angriff nicht zu erwarten sei, jedoch war man auf ein Bombardement gefaßt, da die Chinesen über genug Geschütze verfügten.
(...) Nachdem am Wall rings um das Arsenal Posten und Geschütze aufgestellt wurden, begaben wir uns endlich zur Ruhe. Wie dankte ich da Gott, daß ich lebend durchgekommen war, denn ich glaubte nie, daß wir mit dem Leben davonkommen würden. Noch heute abend wurde Matrose Deste ohne jegliche Zeremonien begraben.
Um acht Uhr abends eröffneten die chinesischen Batterien das Feuer, welches bis circa halb neun Uhr dauerte. Eine Granate tötete einen russischen Posten am Flußwall und bohrte ihn buchstäblich in die Erde, eine andere Granate traf einen Kessel mit Wasser, der am Feuer stand und um den einige russische Soldaten lagerten. Da das Geschoß anstatt mit Sprengstoff nur mit Holz gefüllt war, so zertrümmerte es nur den Kessel, ohne weiteren Schaden anzurichten. Natürlich erzeugte der Lärm und das Auseinanderstoben der Matrosen große Heiterkeit.
Gegen Mitternacht trat allmählich Ruhe ein, in der Runde ums Arsenal brannten alle Dörfer und hier und da fiel ein Schuß. Überall standen Posten und bei den Geschützen schlief die Bemannung, jeden Moment bereit.
In der Hoffnung, daß es keine nächtlichen Überfälle geben werde, und sichtlich beruhigt über die laufende Nacht legten wir uns nieder, um am nächsten Tag wieder das schon so gewohnte Handwerk des Schießens fortzusetzen.

Die Eroberung des Arsenals von Hsiku war von nicht zu unterschätzender Bedeutung, denn eine genauere Durchsuchung der Räumlichkeiten ergab, daß die Detachements reiche Beute gemacht hatten: über 20 10,5 cm-Krupp-Schnelladekanonen L/30, circa 80 8,7 cm-Krupp-Schnelladekanonen L/30, 26 ältere Krupp-Feldgeschütze C/79, 10 5,7 cm-Krupp-Schnelladekanonen, 10 5,3 cm-Gruson-Schnelladekanonen, zahlreiche andere Geschütze und Maschinenkanonen bzw. -gewehre, tausende moderne Handfeuerwaffen (Mannlicher etc.), Revolver, Säbel, Zelte, Lazarettausrüstungen und mehrere Millionen Gewehrpatronen und Geschützmunition. Damit konnten die ohnehin schon knappen Reserven wieder mehr als aufgefüllt werden. Auch Vierheilig durfte gemeinsam mit dem Kadetten Prochaska das Arsenal inspizieren. Seine Eindrücke sind gleich im Anschluß wiedergegeben. Interessanterweise schreibt er von einer Nahrungsmittelknappheit, obwohl in der zeitgenössischen Literatur wie etwa im Werk „Die Kaiserliche Marine während der Wirren in China 1900–1901", davon die Rede war, daß die Verpflegung für die nächsten Tage gesichert gewesen sei, da man 100 Tonnen Reis gefunden und aus den umliegenden Dörfern Vieh, frisches Gemüse und reines Quellwasser herangeschafft hatte.[37]

Das Arsenal selbst wurde von den Franzosen und Italienern besetzt, das Artilleriemagazin – Vierheilig bezeichnet das Magazin als Lafettendepot, wie wir weiter unten sehen werden – von den Deutschen, Österreicher-Ungarn und Amerikanern; die Engländer, Russen und Japaner biwakierten hingegen im Freien.

Der folgende Tag, der 23. Juni, ein Samstag, begann gleich mit einer Aufregung:

In aller Früh, um halb vier Uhr, wurden wir mit einem furchtbaren Schnellfeuer aufgeschreckt und mußten in aller Eile den gefährlichen Schlafplatz verlassen. Unser harrte eine schwere Aufgabe, denn um neun Uhr fingen die Chinesen von allen Seiten an, das Arsenal zu stürmen, während sämtliche feindliche Batterien das Feuer eröffneten. Wir hatten einen schweren Stand. Jeden Moment schlug eine Granate im Arsenal ein und brachte sämtliche Pulvermagazine in die Gefahr zu explodieren. Gegen Mittag stellte der Chinese das Feuer ein, und wir konnten etwas ausruhen. Während dieser Zeit besichtigte ich mit dem Kadetten das Arsenal. Überall lagen Geschosse, Kartuschen, Patronen, Gewehre, Geschütze etc. verschiedener Systeme auf dem Boden herum. Das Arsenal war kolossal groß und mit einer Mauer umgeben. Außerhalb der Mauer lag das Lafettendepot, in dem wir alle untergebracht wurden. Außerdem bildete ein hoher und breiter Wall eine Schutzwand gegen ein äußeres Eindringen ins Arsenal. Besonders große Massen an Mannlicher Repetiergewehren mit unzähligen Munitionskisten sowie auch Kavalleriesättel, Säbel, Revolver, komplette Pferdegeschirre, Zelte, Überhänge, alles, was zur Ausrüstung einer Armee dienlich war, fanden wir vor. Wo man den Blick hintat, bemerkte man Matrosen, die mit aller Kraftanwendung Schnelladekanonen (Modell Krupp) herbeischleppten und am Wall aufstellten. Es war ein Arbeiten, und man mußte staunen, mit wieviel Eifer und Geduld die ohnehin schon zu Tode ermatteten Matrosen arbeiteten. Die halben Leute schleppten besonders gefährliche Gegenstände aus dem Arsenal, während die anderen auf dem Wall Schanzen aufwarfen und die Geschütze aufstellten. Gegen drei Uhr nachmittags erhob sich ein furchtbarer Wind und verursachte so einen Staub, daß man kaum auf fünf Schritte sehen konnte. Um vier Uhr fingen sämtliche Batterien von neuem an zu bombardieren. Eine Granate traf einen deutschen Posten am Wall direkt in den Rücken und zermalmte ihn schrecklich, eine zweite traf wiederum einige Kochkessel der Russen, die am Feuer standen, und zertrümmerte dieselben, jedoch ohne jemanden zu verletzen. Gegen Abend trat allmählich Ruhe ein, nur das Geräusch und Prasseln der Feuer, die alle ums Arsenal gelegenen Dörfer verzehrten, unterbrach die Ruhe. Hier und da sausten einige Kanonen- und Gewehrkugeln über das Arsenal, um uns zu beunruhigen. Um acht Uhr wurden vergebens Raketen und Signalpatronen abgefeuert, um in Tientsin die Aufmerksamkeit auf uns zu lenken. Um halb zwölf Uhr nachts wurden in aller Stille 100 Engländer abgesandt, um die Reihen der Chinesen zu durchdringen und nach Tientsin zu gelangen, um Hilfe zu bringen.

Auch der folgende Tag verlief nicht ohne Zwischenfälle, Mutlosigkeit machte sich breit. Und doch sollte dieser Tag die Wende bringen:

Um circa halb ein Uhr nachts, kaum daß die Engländer weg waren, unterbrach die Ruhe und Stille der Nacht ein Schnellfeuer von Gewehren, die aus der Richtung, in der die Engländer abgegangen waren, hörbar wurden. Zehn Minuten später riefen einige Posten Menschen an, die in wilder Flucht gegen den Wall stürmten. Als jene näher kamen, erkannte man beim Schein des Mondes, daß es die abgesandten Engländer waren. Als sie sich endlich in Sicherheit befanden, hörten wir folgendes: Kaum 500 Meter vom Wall angelangt bemerkten sie einige Vorposten des Feindes und mußten,

K.u.k. Detachement in Tientsin mit erbeuteten Boxerfahnen (Manfred Litscher, Wien)

um sich nicht zu verraten, zurückgehen und sich nach links dem Flußufer zuwenden. Beim Schein einiger in Flammen stehender Häuser bemerkten dieselben wieder Chinesen, die höchstwahrscheinlich ebenfalls Vorposten waren. Da sie nun hofften, durchzukommen, drangen sie platt am Boden liegend wie die Indianer längs des Ufers weiter vor bis zu einem Dickicht von Obstbäumen und Gebüsch. In der Hoffnung, daß sie nun die eine Gefahr überstanden hatten, stürzten auf einmal von allen Seiten Chinesen auf sie, und es entstand ein furchtbares Handgemenge. Nur mit größter Not konnten dieselben entkommen und ins Arsenal zurückflüchten. Zehn Matrosen wurden auf schauerliche Art und Weise umgebracht. Drei konnten sich nur mit Mühe bis ins Arsenal schleppen, und sechs waren an verschiedenen Stellen minderschwer verletzt. So mißlang auch dieses.
Was nun tun? Kein Proviant war mehr vorhanden. Um den Hunger der Kranken zu stillen, wurden ein am gegenüberliegenden Ufer verwundetes und ein schon seit zwei Tagen totes Maultier herübergebracht und

abgezogen, um für die Kranken Suppe etc. zu kochen. Man kann sich denken, wie das Fleisch des toten Maultieres roch, das zwei Tage in der brennenden Sonne lag.
Um acht Uhr früh besetzten wir den Flußdamm und das Tor, das vom Arsenal zum Fluß führte, mit der *Gefion-* und *Hertha-*Besatzung. Nachmittag um ein Uhr gingen wir in ein naheliegendes Dorf furagieren und mußten wegen des vorherrschenden Staubwindes umkehren. Gegen Norden zu warfen die Amerikaner Schanzen auf, weil diese Stelle schlecht zu verteidigen war und der Feind von dieser Seite fortwährend uns zu stürmen versuchte. Den ganzen Tag über wurden wir von allen Seiten bombardiert. Da wir nicht sicher wußten, ob Tientsin noch von den Europäern besetzt war, so sandte der Admiral neun chinesische Bahnarbeiter – Christen – als Kuriere nach Tientsin um Hilfe, mit der Meldung, daß, wenn uns nicht binnen drei oder vier Tagen Hilfe gesendet werde, wir insgesamt alle umkommen müssen. Gegen ein wiederholtes Angreifen seitens des Feindes konnten wir noch, solange in uns Kräfte vorhanden waren, aushalten und standhalten, aber würden mit der Zeit doch erliegen, da jeden Moment eine Granate ein Pulvermagazin in die Luft sprengen konnte, und uns mit. Dann war nichts mehr zum Essen da. Jeder Mann bekam täglich eine Handvoll ungeschälten Reis, ohne Salz in Reiswasser gekocht, als Speise, und von demselben war nicht mehr viel vorhanden. Wie schnürte es mir das Herz im Leib zusammen, wenn ich die bis zu den Knochen abgemagerten Gestalten betrachtete, die mit wahrem Heißhunger den Reis, mit einigen grünen Kohlrabi versehen, aßen. Schwach vor Hunger und Strapazen, krank an Trachom, das der Wind und Staub unter sämtlichen Truppen verbreitete, krank an Dissentrie, das das Wasser vom Reis verursachte, schleppten sich alle zu Tode erschöpft herein. Die in den Höhlen tiefliegenden Augen, die starr und teilnahmslos ins Leere blickten, der unsagbar traurige Zug in dem bleichen Gesicht, mager, das Haar seit 14 Tagen nicht gekämmt, flachsig und wild herumhängend, zerrissen und schmutzig, daß man die nackten Gliedmaßen sehen konnte, tat einem im Herzen weh. Zwar sah ich nicht anders aus, aber mich konnte ich nicht beobachten.
Was nun tun? Hilfe kam keine. Jeden Tag starben Verwundete, da kein Verbandszeug hier war, um sie zu verbinden, jeden Tag erlahmten unsere Kräfte immer mehr, und bald mußte der Tag kommen, an dem wir unterliegen mußten. Wie dann, wenn Tientsin von den Chinesen besetzt worden wäre? Wir wären dann unrettbar verloren gewesen und mußten bis zum letzten Mann kämpfen, bis auch dieser erlag. Was dann mit den armen Verwundeten? Diese wären unrettbar in die Hände der Scheusale gefallen und würden eines grausamen Todes sterben. Wie ein bleierner Druck lagen diese gräßlichen Gedanken auf der Mannschaft, und jede Stunde sah man immer mehr verzagte Gesichter, auf denen man die Todesgedanken lesen konnte.

Chinesische Dschunken und Kriegsboote auf dem Yangtse (rechts hinten österreichisch-ungarische Kriegsflagge) (Heeresgeschichtliches Museum)

Was ich litt, kann ich nicht beschreiben, und der Gedanke, daß ich hier elend umkommen müsse und die Heimat nie wiedersehen werde, drohte mich zu zermalmen. Wäre ich zu Hause geblieben und hätte den seligen Eltern gefolgt und studiert, wäre ich nicht in diese schauerliche Lage gekommen und könnte jetzt glücklich sein. Aber die Reue kommt zu spät. Wie oft verwahrte sich der Gedanke, daß man als Mannschaft gesehen beim Militär als Null dargestellt wird und daß uns die Offiziere wie einen Teig kneten und formen, wie sie wollen. Was nützt es da, intelligent und aus gutem Hause zu sein? Man ist ja Mannschaft, damit der letzte Mist bei ihnen.
Ja, geliebte Eltern, hätte ich euch gefolgt, wäre es heute anders gewesen und ich hätte euch keine Schande bereitet. Jetzt ist es aber zu spät, und ich ertrage mein Schicksal mit Geduld und Ausdauer. Möge mir Gott in meiner letzten Stunde verzeihen, was ich an euch verbrochen habe. Genug mit alledem. Gegen Abend hat ein Neger – amerikanischer Matrose – um die Erlaubnis gebeten, das Ufer stromabwärts zu schwimmen und so nach Tientsin zu gelangen, um Hilfe zu bringen, aber die Bitte wurde ihm abgeschlagen, da es direkt Wahnsinn war, auf so einen Gedanken zu kommen. Von acht Uhr abends bis Mitternacht war ich wach. Während dieser Zeit bemerkten wir trotz des Lichtscheins, den die brennenden Dörfer verursachten, in der Richtung von Tientsin einen Projektor, der die Gegend gegen Nordwesten beleuchtete. Eine wahnsinnige Freude erfaßte uns nun, und wie ein Lauffeuer verbreitete sich die Nachricht, daß in Tientsin noch Europäer waren und demzufolge auch bald Hilfe kommen mußte. Aber auf den Gedanken kam man später doch, daß es ein feindlicher Projektor sein könnte, und so schnell sie auch gekommen, so bald verschwand die Freude wieder. Um zehn Uhr ließen wir wieder Raketen steigen, aber umsonst. Um circa halb zwölf Uhr nachts ließen wir die letzten Signalpatronen, die wir noch hatten, rot, grün, grün, rot steigen, und siehe da, nach fünf Minuten stiegen in Tientsin der Reihe nach dieselben Signale auf als „Verstanden", und es brach ein dauerndes Hurra aus tausend Kehlen aus, das nicht enden wollte und in der stillen

Soldatenfriedhof für Gefallene des internationalen Interventionskorps (Heeresgeschichtliches Museum)

Nacht meilenweit zu hören war. Vor Freude glücklich, bald erlöst zu werden, fielen sich alle um den Hals und weinten, es war zu überwältigend. Was nur die Chinesen gedacht hatten, als sie das Hurra hörten? Sie werden wohl geglaubt haben, daß die Christenhunde närrisch geworden seien. Hätten sie aber den Grund gewußt, wären sie nicht so still geblieben, sondern hätten uns auf Tod und Leben mit allen ihnen zur Verfügung stehenden Kräften gestürmt und niedergemacht. Einige Male sausten einige Granaten über uns dahin, aber ohne jede Gefahr.

Noch aber war die Rettung nicht da, und die Nacht zum 25. Juni verlief nicht sehr ruhig, so daß aufgrund der Furcht vor möglichen Angriffen von seiten der Chinesen wohl kaum jemand an Schlaf dachte.

Gegen vier Uhr früh bemerkten wir am Bahndamm Kavalleristen, die in Richtung Arsenal daher kamen. In der Nähe des Tores, wo wir Wache hatten, hatten sich Chinesen gesammelt, die ein fortwährendes Schnellfeuer auf uns errichteten. Um halb fünf Uhr früh fing das Fort von Tientsin an, uns zu beschießen, was wir mit allen uns zur Verfügung stehenden Geschützen erwiderten.

Währenddessen kam die Kavallerie immer näher und näher. Es erklang hierauf der Ruf „Alarm!", und jeder eilte auf seinen Posten zur Verteidigung. Um fünf Uhr stellte der Feind das Bombardement ein und schoß in der Richtung gegen den Bahndamm. Wir wußten im ersten Moment nicht, warum er den Damm beschoß, jedoch sollten wir es bald erfahren. Um halb sechs Uhr erklang auf einmal, vis-à-vis von uns am anderen Ufer, ein Hurra, und gleich darauf sahen wir unsere neu angekommenen Kameraden, die auf dem

Grab des Matrosen Deste und des Seekadetten Pap (Aus: Winterhalder, Kämpfe in China, S. 537)

Flußdamm auftauchten und uns zu Hilfe kamen. Ein Hurra und Rufen entstand nun, daß man glaubte, wir seien närrisch geworden. War das eine Freude. Jeder, der unter den angekommenen Kameraden einen Freund fand, schüttelte ihm die Hand vor Freude des glücklichen Wiedersehens, nur die Unseren nicht.
Zu uns kam niemand, keiner grüßte uns, keiner bemitleidete die armen Leute, und wir standen abseits, ganz vergessen, als wenn keine Österreicher existieren möchten. Sämtliche Matrosen waren niedergeschlagen, und man sah es ihnen an, wie weh es tat, daß keiner von den Unseren, die in Tientsin lagen, uns zu Hilfe kam. Will auch nichts mehr von diesem erwähnen, weil es mir immer weh tat, zu sehen, wie die Österreicher zurückgesetzt wurden. Zehn Minuten später erklang in der Richtung des Bahndammes ein neues Hurra, das von circa 400 russischen Kosaken herrührte, die im größten Galopp herbeigesaust kamen. Das war eine Freude, als man endlich Hilfe bekam, die ich gar nicht beschreiben kann. Da gab es ein Erzählen und Fragen, das nicht aufhören wollte. Wie ich erfuhr, gingen, nachdem man das Signal bemerkt hatte und von dem einen chinesischen Kurier, der von den acht abgesandten nach Tientsin gelangte, erfahren hatte, in was für eine Falle wir geraten waren, sofort um Mitternacht 2000 Mann ab nach Hsiku, um uns zu entsetzen. Auf Umwegen gelangten sie zum Bahndamm, unweit vom Arsenal, und hörten, wie die Chinesen uns von der Stadt aus bombardierten. Die Kosaken eilten längs des Damms weiter und stießen beim Arsenal auf einige Horden Chinesen, die nach kurzem Kampf die Flucht ergriffen. Von hier aus bogen dieselben nach links ab und ritten gegen das Arsenal zu. Während dieser Zeit überschritten die Entsatztruppen den Damm und marschierten die nördlichste Seite der Chinesenstadt passierend gegen Hsiku zu. Beim Passieren des Stadtviertels bemerkten die Chinesen aus dem Fort die Truppen und begannen, anstatt uns diese zu beschießen. Jedoch ohne Gefahr gelangte man bis nach Hsiku, wo ihr Ankommen eine so große Freude bereitete.
Durch Herrn Kadetten Prochaska erfuhr ich, daß in Tientsin harte Kämpfe stattgefunden hatten und daß die europäische Stadt Tag und Nacht bombardiert und angegriffen wurde. Nachdem sich die Entsatztrup-

pen ausgeruht hatten, begannen wir in fieberhafter Eile, uns für das Verlassen des Arsenals vorzubereiten. Von allen Seiten wurde Leinwand herbeigeschleppt und Tragbahren erzeugt. Die Zelte wurden zerschnitten und an zwei Stangen angebracht, um eine Bahre herzustellen. 100 Engländer und einige Deutsche bereiteten alles zur Sprengung des Arsenals vor. Um zwei Uhr nachmittag verließen wir langsam Hsiku und überschifften uns auf das linke Ufer, wo wir unser Lager aufschlugen, um um Mitternacht nach Tientsin zu marschieren. Sämtliche Kanonen, Zünder, Gewehre, Geschosse, Geschoßpatronen etc. wurden vernichtet und ins Wasser geworfen. Was nicht mit Hände Kraft zerstört werden konnte, wurde mit Pulver unterminiert. Um zwölf Uhr nachts verließen wir in aller Ruhe unseren Lagerplatz und marschierten gegen den Bahndamm zu.

In Tientsin waren die Kämpfe in den letzten Tagen immer heftiger geworden. Etwa 10.000 Boxer und 6000 bis 8000 Soldaten der regulären chinesischen Armee, die unter dem Kommando von General Nye standen und als gut ausgebildet galten, standen 2734 Mann der Alliierten gegenüber, nur 53 davon waren Österreicher. Auf einen gemeinsamen Befehlshaber wie bei der Seymour-Expedition hatten sich die Verbündeten nicht einigen können. Dies war auch nicht unbedingt vonnöten, da die einzelnen Verteidigungsabschnitte, wie bereits erwähnt, auf die jeweiligen nationalen Kontingente aufgeteilt waren und man einander größtmögliche gegenseitige Unterstützung zugesagt hatte. Die Angriffe der Chinesen konzentrierten sich noch immer hauptsächlich auf den Bahnhof, den die Russen jedoch auf Biegen und Brechen verteidigten und damit einen wesentlichen Anteil am Erfolg der Operation hatten. Das europäische Stadtviertel hatte sich unterdessen in eine Festung verwandelt: Barrikaden in den Straßen, Maschinengewehrnester in den Häusern, Beobachtungsstände auf hohen Gebäuden und Türmen. Und vor den Wällen wurden sämtliche Brücken und angrenzende Dörfer niedergebrannt.

Als Proviant und Munition langsam, aber sicher knapp wurden, entsandte man einen Briten mit zwei Kosaken zu Pferd und einen französischen Offizier per Boot den Peiho entlang nach Taku mit der Bitte um Unterstützung und Entsatz.

Sieben Tage sollte die Isolierung schließlich dauern, ehe die Stadt Tientsin am 23. Juni entsetzt werden konnte. Die Entsatztruppen, immerhin mehr als 2000 Mann – Österreicher befanden sich keine darunter –, waren auf unerwartet starken Widerstand gestoßen, wodurch sich ihr Vormarsch verzögerte.

Nach dem Entsatz Tientsins richteten sich alle Anstrengungen umgehend auf den Hilfseinsatz für das Seymoursche Expeditionskorps. Noch am 23. wurden 150 Kosaken als Aufklärungstruppe Richtung Norden geschickt, die mit der Meldung zurückkehrten, daß das Korps etwa fünf Kilometer entfernt in Hsiku gegen chinesische Truppen kämpfe. Als der bereits erwähnte chinesische Bote in der Nacht zum 25. Juni mit der Meldung, daß sich das Korps in Schwierigkeiten befinde, in Tientsin anlangte, brach eine Entsatztruppe von knapp 2000 Mann auf, wobei die Russen mit etwa 1000 Soldaten das Gros bildeten. Nachdem man am Morgen des 25. wiederholt auf Boxer gestoßen war und diese in die Flucht geschlagen hatte, gelang, wie Vierheilig ja schon ausführlich geschildert hatte, gegen elf Uhr vormittags die Vereinigung mit dem Expeditionskorps des Admirals Seymour. Die Rückkehr nach Tientsin wurde in die Wege geleitet, wo man am folgenden Tag eintraf.

Beim Bahndamm angelangt, ruhten wir aus, während die Vorhut weitermarschierte, um die Gegend zu säubern. Es war ein kolossal anstrengendes Marschieren, zumal die ohnehin schon müden Matrosen außer ihren schweren Bepackungen am Rücken auch noch die Verwundeten tragen mußten. Bei jedem halben Kilometer wurde fortwährend angehalten, gerastet und nach dem Feind ausgelugt. Um acht Uhr übersetzten wir den Lutaikanal, unweit des chinesischen Armeelagers, deren Oberkommando General Nye führte, ohne jedoch bemerkt oder beschossen und angegriffen zu werden. Um halb zehn Uhr früh erreichten wir endlich glücklich den Bahnhof und marschierten mit freudigem Hurra in Tientsin ein. Die Freude, endlich in Sicherheit zu sein und daß alle Gefahren halbwegs vorüber waren, war grenzenlos. Um zehn Uhr langten wir in unserem Bequartierungsgebäude an und konnten nach so langer Zeit endlich sicher und ruhig ausruhen. Es geschah bei unserer Ankunft einiges, daß so gemein und schreiend war, das ich mich schämen müßte, so etwas zu erwähnen. Traurig, aber wahr.

Nach sechsstündigem Marsch hatten die Soldaten des Expeditionskorps also die Stadt Tientsin erreicht. Unter den Klängen der russischen Militärkapelle zogen sie abgekämpft, „mehr oder weniger ermattet, Verwundete auf Karren oder sich mühsam schleppend"[38] durch das Südtor in die Stadt ein.

Sie waren gerettet, und Vierheilig schrieb am 27. Juni folgende berührende Zeilen als Abschluß in sein Tagebuch:

Aus Dankbarkeit, daß ich lebend und glücklich nach Tientsin kam, dankte ich dem lieben Gott und schwor, daß ich für die armen Toten zwei Messen lesen lasse. Den Schwur will ich auch, so Gott will, halten. Möge ein jeder, der einmal in so eine Lage gerät, auf Gott vertrauen, mutig und freudig bereit sein, fürs Vaterland und Kaiser zu sterben, und Gott wird ihm helfen. Sein Ruf möge alle Zeit für Vaterland und Kaiser erklingen.

Hier bricht der erste Teil seines Tagebuches ab, um in einem zweiten Band noch durch eine Geschichte, die sich im September 1900 ereignete, ergänzt zu werden; dies jedoch an späterer Stelle.

Südtor von Tientsin nach der Einnahme am 14. Juli 1900 (Heeresgeschichtliches Museum)

Auf der Taku-Reede

Die besorgniserregenden Meldungen aus China hatten inzwischen in Wien den Eindruck verstärkt, daß zur Unterstützung der *Zenta* weitere Einheiten nach Ostasien entsandt werden sollten. Die Wiener Regierung hielt die Ereignisse in China zwar für nicht bedeutend genug, um Landstreitkräfte zu entsenden, wie es die anderen Mächte getan hatten, aber aufgrund der Verschärfung der Situation sah man sich doch veranlaßt, Schiffe zur Verstärkung nach Asien zu entsenden.

S.M.S. *Aspern* im Internationalen Dock in Shanghai, März 1901 (Heeresgeschichtliches Museum)

Technische Daten des Kreuzers S. M. S. *Aspern*[39]

Bauwerft: Konstruktionsarsenal Pola
Bauzeit: Oktober 1897 bis Mai 1900

Deplacement: 2400 t, voll ausgerüstet 2625 t
Länge über alles 96,88 m
Länge in Kielwasserlinie 96,00 m
Breite auf Außenbeplattung 12 m

Zu den übrigen Daten siehe das Schwesterschiff *Zenta*.

S. M. S. *Kaiserin Elisabeth* (Heeresgeschichtliches Museum)

Technische Daten des Rammkreuzers S. M. S. *Kaiserin Elisabeth*[40]

Bauwerft: Konstruktionsarsenal Pola, Pläne von Theodor Schunk
Bauzeit: Juli 1888 bis Jänner 1892

Deplacement: 4063,7 t, voll ausgerüstet: 4566,7 t
Länge über alles 103,678 m
Länge in Kielwasserlinie 102,564 m
Breite auf Außenbeplattung 14,748 m

Panzerung:
Panzerdeck, Mittelteil 2 x 18,7 mm
Panzerdeck, Seiten 2 x 28 mm
Ringpanzer der 15 cm-Geschütze L/40 90 mm
Oberdeckerker der 15 cm-Geschütze LX35 40 mm
Kommandoturm 50 mm

Bewaffnung:
2 St. 24 cm
6 St. 15 cm
2 St. 7 cm
11 St. 47 mm S. F. K. L/44
2 St. 47 mm S. F. K. L/33
2 St. 37 mm S. F. K. L/23 (in den Marsen)

Maschinenanlage:
2 horizontale, dreizylindrige dreifach-Expansionsmaschinen
2 dreiflügelige Griffith-Schrauben, Durchmesser: 4420 mm, Steigung: 5944 mm
4 Kessel, Betriebsdampfdruck: 15 atü

Kohlenvorrat: 709,7 t Steinkohle oder 584,7 t Briketts

S. M. S. *Kaiserin und Königin Maria Theresia* (Heeresgeschichtliches Museum)

Technische Daten des Panzerkreuzers
S. M. S. *Kaiserin und Königin Maria Theresia*[41]

Bauwerft: Stabilimento Tecnico Triestino
Kiellegung: 6. Oktober 1891
Stappellauf: 29. April 1893
Indienststellung: 24. März 1895

Deplacement: 5247 t,
voll ausgerüstet: 6122,5 t
Länge über alles 113,7 m
Länge in Kielwasserlinie 111,67 m
Größte Breite 16,25 m

Panzerung:
Gürtel und 24 cm-Geschützstände 100 mm
Deck 38–57 mm
Kommandoturm 100 mm
Reduits 80 mm

Bewaffnung:
2 St. 24 cm L/35
8 St. 15 cm L/35
2 St. 7 cm L/15
12 St. 47 mm S. F. K. L/44
6 St. 47 mm S. F. K. L/33 (davon 4 in den Gefechtsmarsen)
2 St. 8 mm-Mitrailleusen
4 St. 45 cm-Torpedorohre

Maschinenanlage:
4 zylindrische Doppelenderkessel
2 zylindrische Einenderkessel mit je 11 atü
2 liegende dreizylindrige dreifach-Expansionsmaschinen auf 2 Wellen, 2 Schrauben
Durchmesser: 4570 mm

Maschinenleistung:
mittl.: 9000 PSi
max.: 9755 PSi (Probefahrt am 8. November 1894)

Geschwindigkeit:
v mittl: 18,9 Knoten
v max: 19,35 Knoten (Probefahrt am 8. November 1894)

Kohlenvorrat: 746 t
Besatzung (1890): 32 + 443

Auf Allerhöchsten Befehl wurde am 23. Juni S. M. Panzerkreuzer *Kaiserin und Königin Maria Theresia* unter dem Kommando von Linienschiffskapitän Victor Ritter Bless von Sambucchi von Pola aus in Marsch gesetzt mit Kurs auf China. Etwa einen Monat später folgten zwei weitere Kreuzer, *Kaiserin Elisabeth* und *Aspern* – letztere ein Schwesterschiff der *Zenta* –, unter dem Kommando von Linienschiffskapitän Joseph Ritter Mauler von Elisenau bzw. Fregattenkapitän Wilhelm Weber, wo sie nach der Vereinigung mit den beiden bereits vor Ort befindlichen Einheiten eine Eskadre unter dem Kommando des Kontreadmirals Rudolf Graf Montecuccoli-Polinago zu bilden hatten. Dieser wurde angewiesen, „im engsten Einvernehmen mit den Admiralen der übrigen Mächte vorzugehen".[42]

Die Möglichkeit eines Landeinsatzes war natürlich in Erwägung gezogen worden. Daher hatte man die Besatzungen der Schiffe erheblich verstärkt, um Landungsdetachements abstellen zu können, und es waren Landungs- und Positionsgeschütze, Handwaffen, Munition und Feldausrüstungsgegenstände sowie ein größerer Vorrat an Sanitäts- und Spitalsmaterial mitgenommen worden. Da *Kaiserin Elisabeth* und *Aspern* jedoch erst am 8. September 1900 auf der Taku-Reede eintrafen, spielten sie beim Entsatz Pekings, der am 15. August gelungen war, keine Rolle mehr.

Admiral Rudolf Graf Montecuccoli degli Erri
(*Modena, 22. Februar 1843, †Baden, 16. Mai 1922)

Nach Absolvierung der Marineakademie trat Montecuccoli 1859 als provisorischer Marinekadett in den aktiven Dienst ein. Im Jahre 1866 zum Linienschiffsfähnrich befördert, zeichnete er sich in der Seeschlacht bei Lissa aus. 1885 wurde er Korvettenkapitän, 1892 Linienschiffskapitän. Im Jahre 1897 wurde er zum Kontreadmiral ernannt.
Ab 1900 war er Kommandant der neugebildeten österreichisch-ungarischen Eskadre in Ostasien, wo er auch Mitglied des Admiralsrates war. Er leitete ebendort – damals im Rang eines k.u.k. Kontreadmirals – die Aktionen der österreichisch-ungarischen Kriegsmarine zur Bekämpfung des Boxeraufstandes in China.
Nach seiner Rückkehr war er ab 1901 Präses des Marinetechnischen Komitees, ab 1903 Stellvertreter des Chefs der Marinesektion, 1904 Marinekommandant und Chef der Marinesektion. Im Jahre 1905 wurde er zum Admiral befördert, 1913 trat er in den Ruhestand. In seine Amtszeit fiel der Beginn des Bauprogramms für Großkampfschiffe.

Noch ehe *Kaiserin und Königin Maria Theresia* am 7. August auf der Taku-Reede eintraf, überschlugen sich die Ereignisse.

Mitte Juni hatten die Chinesen Berichten des deutschen Vizeadmirals Felix von Bendemann zufolge die Besatzung der Taku-Forts mit 2000 Mann und 40 Geschütze verstärkt und im Peiho Minen gelegt. Bendemann beantragte daher im Rahmen einer Befehlshaberkonferenz auf dem russischen Kreuzer *Rossija* am Morgen des 16. Juni 1900, vom Vizekönig von Tschili und dem Kommandanten der Taku-Forts deren Übergabe zu fordern. Ansonsten sollte am Morgen des 17. Juni ein Angriff von seiten der Alliierten beginnen. Nach eingehenden Beratungen unter den anwesenden Kommandanten wurde der Vorschlag trotz Bedenken der Briten und Japaner einstimmig – mit einer Stimmenthaltung seitens des Vertreters der USA, der sich damit entschuldigte, durch den Wortlaut der Instruktion seiner Regierung an der Teilnahme verhindert zu sein – angenommen.

Ein Ultimatum wurde verfaßt, das folgenden Wortlaut hatte:

„Die vereinigten Mächte haben seit Beginn der Wirren ohne Widerstand Detachements an Land gesetzt, um ihre Staatsangehörigen und das Diplomatische Corps gegen die unter dem Namen Boxer bekannten Rebellen zu beschützen.

Ganz zu Anfang haben die Repräsentanten der kaiserlichen Gewalt ihre Pflichten anscheinend verstanden und sichtliche Anstrengungen gemacht, die Ordnung wiederherzustellen. – Gegenwärtig aber

Taku-Forts nach der Einnahme (links japanischer Offizier) (Heeresgeschichtliches Museum)

Taku-Forts nach der Einnahme (Heeresgeschichtliches Museum)

Beschädigte Wallanlage, vermutlich in Taku (Manfred Litscher, Wien)

Peitang-Forts nach der Einnahme (Heeresgeschichtliches Museum)

S. M. S. *Kaiserin und Königin Maria Theresia,* um 1894 (Heeresgeschichtliches Museum)

Körperpflege an Bord S. M. S. *Kaiserin und Königin Maria Theresia* (Heeresgeschichtliches Museum)

Das vor Taku liegende österreichisch-ungarische Kriegsschiff *Zenta* (Aus: Oesterreichische Kronenzeitung, Nr. 167, 20. Juni 1900, S. 1)

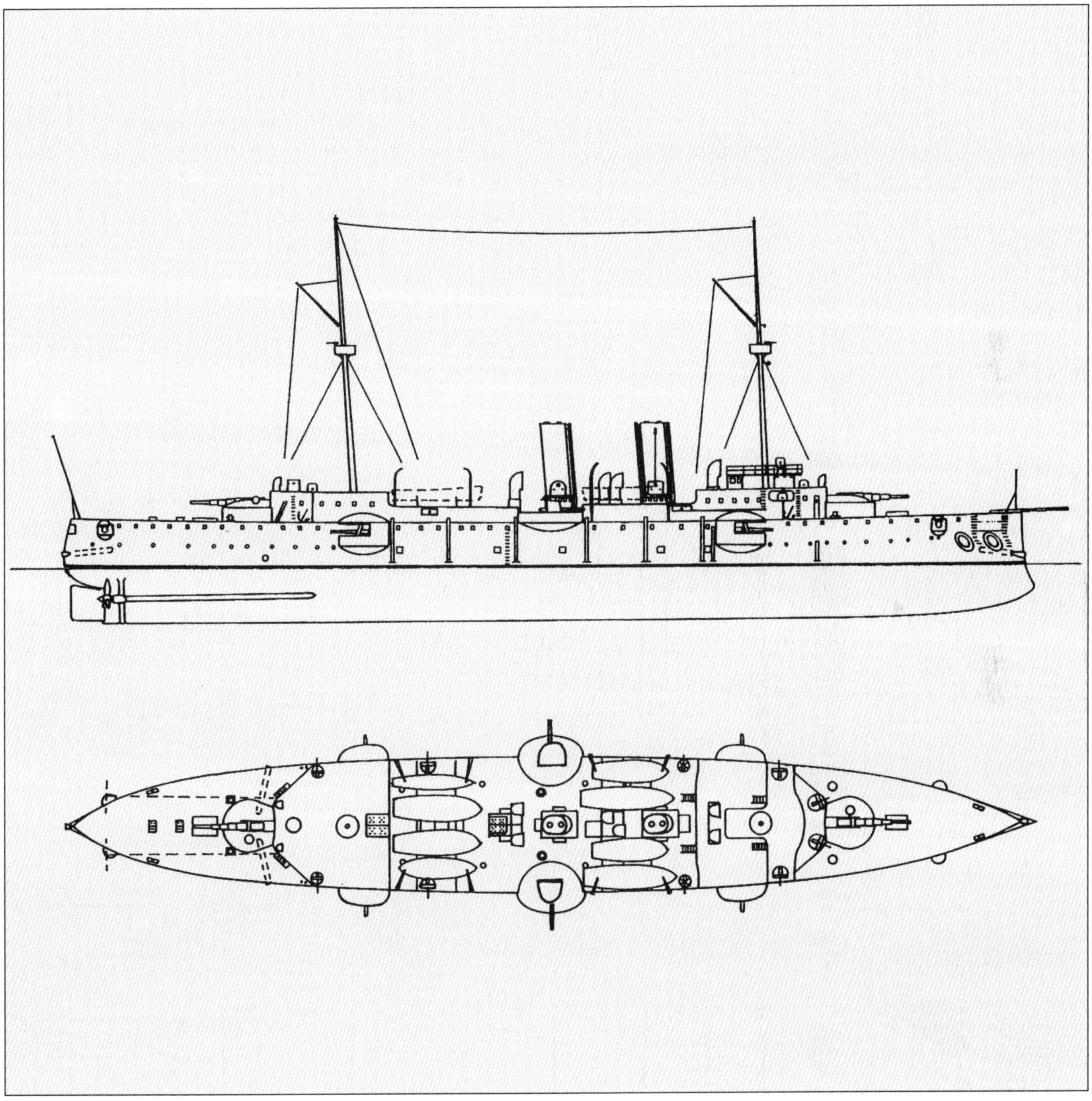

S. M. S. *Kaiserin und Königin Maria Theresia*, Maßstab 1:1000 (Zeichnung von Erwin Sieche)

zeigen sie deutlich ihre Sympathien für die Feinde der Fremden, indem sie Truppen gegen die Eisenbahnlinien dirigieren und die Einfahrt in den Peiho mit Minen versehen.

Diese Akte beweisen, daß die Regierung ihre feierlichen Verpflichtungen gegenüber den Fremden vergißt, und nachdem die Befehlshaber der fremden Streitkräfte die Verpflichtung haben, in fortwährender Verbindung mit den Detachements am Lande zu verbleiben, haben sie beschlossen, die Forts von Taku vorübergehend – im Guten oder mit Gewalt – zu besetzen. Der letzte Termin für ihre Übergabe an die Alliierten ist zwei Uhr morgens, den 17. (Juni).

Vorstehendes wird gleichzeitig dem Vizekönig in Tientsin und dem Kommandanten der Forts mitgeteilt werden."[43]

Für Österreich-Ungarn unterzeichnete Linienschiffsleutnant Guido Kottowitz Edler von Kortschak.

Die Übergabe des Ultimatums an den chinesischen Kommandanten der Forts erfolgte durch den russischen Linienschiffskapitän Dobrovolsky gegen neun Uhr abends. Die Antwort des Chinesen lautete dahingehend, daß er erst mit dem Vizekönig in Tientsin in der Angelegenheit Kontakt aufnehmen müsse und daß es daher weitgehend unmöglich sei, bis zwei Uhr eine Antwort zu geben.

Da die Alliierten ohnehin mit der Ablehnung des Ultimatums rechneten, weil die Werke – insgesamt fünf: Nordwest-, Nord-, Süd- und Neues Fort sowie Strandbatterie – einen nicht unbedeutenden Gefechtswert darstellten und gut armiert waren, wurden auch die letzten Reservedetachements in Bereitschaft gestellt, da der Angriff nur auf dem Landwege bzw. mittels der bereits an der Peihomündung liegenden Kanonen- und Torpedoboote sowie Zerstörer durchgeführt werden konnte.

Das Kommando übernahm der deutsche Kapitän zur See Pohl, Kommandant der *Hansa*. Das österreichisch-ungarische Detachement unter Linienschiffsfähnrich Ernst Stenner war ihm direkt unterstellt.[44]

Bei einer Besprechung der kommandierenden Offiziere auf dem russischen Kanonenboot *Bobr* einigte man sich darauf, daß die Kanonenboote nach Ablauf des Ultimatums mit aufkommender Flut ihre Feuerplätze einnehmen und um vier Uhr mit der Beschießung der Forts beginnen sollten. Ein alli-

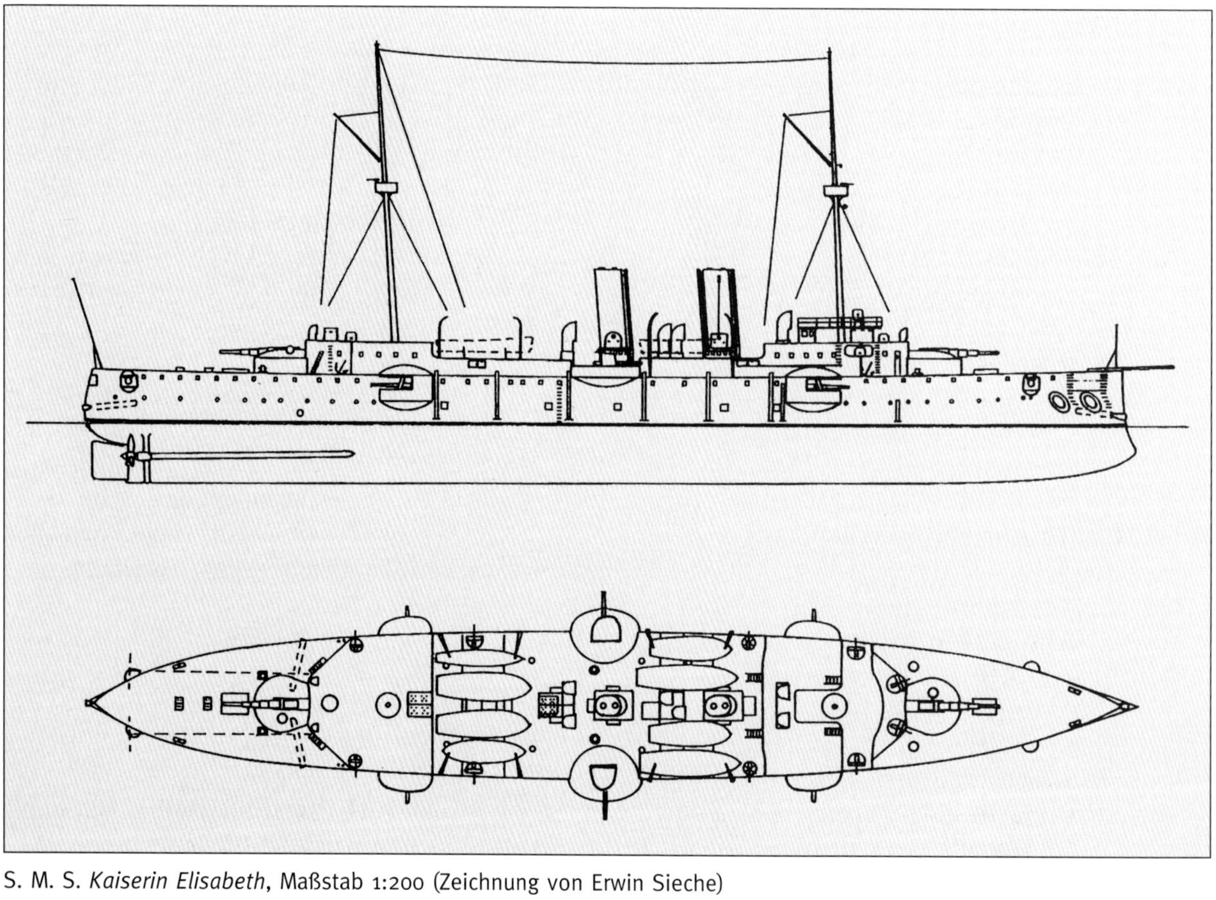

S. M. S. *Kaiserin Elisabeth*, Maßstab 1:200 (Zeichnung von Erwin Sieche)

S. M. S. *Kaiserin Elisabeth*, achteres 24 cm-Geschütz (Heeresgeschichtliches Museum)

iertes Landungsdetachement – insgesamt 9000 Mann – unter der Leitung Kapitäns von Pohl sollte nach Sicherung des Bahnhofs die Taku-Forts von der Landseite aus angreifen; um sich solange als möglich außerhalb des Feuerbereichs der chinesischen schweren Geschütze zu halten, war eine genaue Reihenfolge bei der Eroberung der Forts einzuhalten. Der Sturm sollte allerdings erst dann erfolgen, wenn die Artillerie der einzelnen Forts durch die Kanonenboote ausgeschaltet sei.

Das österreichisch-ungarische Detachement hatte sich, wie Stenner mitgeteilt wurde, gemeinsam mit 200 Mann der japanischen Marine sowie 200 russischen Infanteristen um halb drei Uhr morgens zu sammeln und gegen das Nordwest-Fort vorzurücken. Während des Vormarsches sollten noch 250 Briten und 24 Italiener dazustoßen.

Bereits etwa eine Stunde nach Mitternacht zerrissen plötzlich Mündungsfeuer und Geschützdonner die Stille der Nacht. Die Chinesen hatten den Kampf als erste begonnen, doch die Reaktion durch die alliierten Kanonenboote erfolgte prompt und binnen kurzer Zeit war die Auseinandersetzung voll im Gang. Die Landtruppen kämpften sich unterdessen durch das unwegsame, lehmige Terrain und den steilen Wall bis zum Nordwest-Fort vor, blieben dann im Schutz der Dunkelheit liegen. Gegen 3.30 Uhr gab das Kanonenboot *Iltis*, nachdem die Geschütze des Forts unschädlich gemacht worden waren, das verabredete Zeichen zum Landangriff.

Zweieinhalb Stunden später fiel der letzte Schuß. Die Forts waren eingenommen, die Flaggen der Verbündeten wehten auf allen Anlagen.

Die Verluste der Alliierten waren eher gering: 31 Tote und 110 Verletzte. Die Österreicher hatten weder Tote noch Verwundete zu beklagen, von den Deutschen war ein Mann verwundet worden. Die Verluste der Chinesen beliefen sich nach Schätzungen auf 600 bis 800 Gefallene.

Aus strategischer Sicht war die Eroberung der Taku-Forts eine der entscheidenden Aktionen während des Boxeraufstandes. Denn durch die Eroberung der Taku-Forts war die Sicherung einer notwendigen Basis für die weiteren Operationen gegeben.

Hingerichtete chinesischer Boxer (Heeresgeschichtliches Museum)

Matrosen der *Aspern* auf Patrouille
(Heeresgeschichtliches Museum)

Österreichisch-ungarische Barkasse
(Manfred Litscher, Wien)

Der Entsatz Pekings

Die spärlichen Nachrichten über das Schicksal der Admiral Seymour-Expedition waren nicht gerade ermutigend für die in Peking eingeschlossenen Gesandten, deren Lage in jener Zeit ebenfalls immer prekärer wurde. Nach einem Angriff auf die belgische Gesandtschaft, die gemäß Vereinbarung mit Dr. Rosthorn vom österreichischen Detachement überwacht wurde, das die Boxer vertreiben konnte, war der belgische Gesandte M. de Joostens mit seinem Personal in die k.u.k. Botschaft übersiedelt.

Um gegen Überraschungen jedweder Art gesichert zu sein, war der Bereich um die Botschaft bereits seit 14. Juni zunächst durch eine Postenkette, dann durch eine Barrikade abgesperrt und im Garten Hindernisse aufgestellt worden. Fregattenkapitän Thomann hatte formell das militärische Kommando über das Detachement übernommen.

In den folgenden Tagen kam es wiederholt zu Feuergefechten, in die auch die Österreicher verwickelt waren.

Am Nachmittag des 19. Juni ergingen aufgrund der eingegangenen Meldungen betreffend die Besetzung der Taku-Forts folgende gleichlautende Noten des Tsungli Yamen an die einzelnen Gesandtschaften:

„Laut Bericht des Generalgouverneurs von Tschili hat der französische Generalkonsul du Chaylard am 16. d. Monats schriftlich erklärt, daß die Eskaderkommandanten aller Nationen den 17. Juni, zwei Uhr morgens, als Termin angesetzt haben, bis zu welchem sämtliche Forts von Taku ihnen ausgeliefert werden müssen; nach Ablauf dieser Frist würden die Forts mit Gewalt besetzt werden. Das Yamen ist über diese Mitteilung sehr überrascht. China ist bisher in Frieden mit den fremden Mächten gewesen, allein die Ankündigung einer gewaltsamen Besetzung der Forts seitens der Admiräle ist ein offener Beweis dafür, daß die fremden Mächte den Frieden zu brechen und Feindseligkeiten zu eröffnen gewillt sind. In der Hauptstadt haben sich die Boxer erhoben, und die Bevölkerung ist in großer Aufregung. Die Gesandten, ihre Familien und ihr Stab sind in ihren Legationen gefährdet, und die chinesische Regierung ist nicht imstande, ihnen sicheren Schutz zu gewähren. Wir müssen sie daher ersuchen, innerhalb 24 Stunden mit ihren Eskorten in guter Ordnung abzureisen und sich nach Tientsin zu begeben, um zu vermeiden, daß ihnen etwas zustoße. Wir werden eine militärische Eskorte bestimmen, um sie unterwegs zu beschützen, und die Ortsbehörden anweisen, entsprechende Maßnahmen zu treffen."[45]

Diese an Deutlichkeit nicht zu überbietende Note war eine offene Kriegserklärung, und auch die Kaiserin-Witwe zeigte sich kampfbereit. Sie ließ verkünden, daß es besser sei, in einem verzweifelten Kampf unterzugehen, als auf Wunsch und Befehl dieser Fremden auf die eigenen Rechte zu verzichten.

Peking nach der Einnahme durch die alliierten Truppen (Manfred Litscher, Wien)

Nach langen Beratungen unter den Gesandten faßte man schließlich den Beschluß zum Abzug. Da eine rasche Abreise allerdings unmöglich schien und man erst die nötigen Vorkehrungen treffen mußte, ersuchten die Gesandten das Tsungli Yamen in einer Note, sie am Morgen des 20. zu empfangen, um sich über die notwendigen

Angehörige der österreichisch-ungarischen Gesandtschaft in Peking, August 1900 (Manfred Litscher, Wien)

Die Mauer des Kaiserpalastes in Peking wird von den Franzosen überstiegen (Heeresgeschichtliches Museum)

Ein Tor der Stadtmauer von Peking wird am 20. August 1900 in Brand geschossen (Heeresgeschichtliches Museum)

Ein während der Kämpfe in Peking in Brand gesteckter Stadtteil (Heeresgeschichtliches Museum)

Der österreichische Gesandte Dr. Arthur von Rosthorn und seine Gemahlin sowie zwei Matrosen, Linienschiffsleutnant Theodor Ritter von Winterhalder und Linienschiffsleutnant Josef Kollař bei den Barrikaden in Peking (Heeresgeschichtliches Museum)

Zum Boxeraufstand in China (Aus: Illustrirtes Wiener-Extrablatt, Nr. 153, 6. Juni 1900, S. 1)

Die Revolution (Aus: Oesterreichische Kronen-Zeitung, Nr. 161, 14. Juni 1900, S. 1)

Militärschule in Peking (Heeresgeschichtliches Museum)

Abreisemodalitäten zu verständigen. Als jedoch am folgenden Morgen noch immer keine Antwort eingelangt war, erklärte sich der deutsche Gesandte Baron Clemens von Ketteler bereit, sich persönlich zum Tsungli Yamen zu begeben und dort Auskunft einzuholen. Weit kam er jedoch nicht. Seine Sänfte wurde überfallen, er selbst durch einen Kopfschuß getötet, seine Leiche geraubt. Sein Dolmetscher Heinrich Cordes konnte sich schwer verwundet retten. Nun war also klar, daß man sich auf alles gefaßt machen mußte.

Als Teil eines gemeinsamen Verteidigungsplanes gingen die Detachements auf eine innere Verteidigungslinie zurück. Nun mußte auch die k.u.k. Gesandtschaft aufgegeben werden, das Detachement begab sich in der Folge in die französische Botschaft, um gemeinsam mit den dortigen Wachen die Verteidigung zu organisieren, das österreichische Gesandtschaftspersonal mit Ausnahme Dr. Rosthorns, der beim Detachement verblieb, und die gesamte französische Legation übersiedelten in die britische Gesandtschaft. Ebendort waren bereits alle Frauen, Kinder und Zivilisten sowie die meisten Freiwilligen untergebracht worden.

Aber wie sollte man sich gegen eine derartige Übermacht verteidigen? Die gesamte Verteidigungsmannschaft des Gesandtschaftsviertels zählte etwa 500 Mann – darunter 35 Österreicher –, denen zum

Offizierspavillon im Inneren der Militärschule von Peking nach dessen Einnahme mit einem erbeuteten Geschütz (Heeresgeschichtliches Museum)

Zerstörtes chinesisches Geschütz (Manfred Litscher, Wien)

Teil nur minderwertige Gewehre zur Verfügung standen. Außerdem hatten sie eine 37 cm-Schnelladekanone und drei Mitrailleusen. Die Munitionsausstattung der einzelnen Detachements war äußerst uneinheitlich; größte Sparsamkeit war auf jeden Fall angesagt.

Der Gegner verfügte über 15.000 Mann regulärer chinesischer Armee und eine große Zahl an aufständischen Boxern, die nun auch in Peking bereit waren, Seite an Seite gegen die „fremden Teufel" vorzugehen.

Am 20. Juni setzten die Kämpfe ein, in deren Verlauf zahlreiche Opfer auf beiden Seiten zu beklagen waren, unter ihnen auch Fregattenkapitän Thomann, der Kommandant der *Zenta,* der von einer Granate getötet wurde.

Am 17. Juli gewährte das Tsungli Yamen plötzlich und unverhofft einen Waffenstillstand, der bis zum 8. August währen sollte, und unterbreitete den Gesandten den Vorschlag, daß sie und das gesamte Gesandtschaftspersonal sich unverzüglich nach Tientsin begeben sollten. Als Geste des guten Willens ließ die chinesische Regierung Lebensmittel an die Belagerten überbringen. Grund dafür mag wohl der Fall Tientsins sowie die kritische Haltung einiger Vizekönige gewesen sein, welche die Kaiserin-Witwe zum Einlenken brachten. Die Gesandten jedoch sahen sich nun unvermutet in einer vorteilhaften Position, zumal auch Nachrichten von der Entsendung eines weiteren Entsatzdetachements eingelangt waren, und hielten die Chinesen mit Diskussionen über die Verletzung des Waffenstillstandes und die Transportmodalitäten für Kinder und Frauen, Kranke und Verwundete hin.

Fregattenkapitän Eduard Thomann Edler von Montalmar (Heeresgeschichtliches Museum)

Als die Kämpfe wieder aufgenommen wurden, hatten sich bereits Boten zu den Eingeschlossenen vorgekämpft, die das Kommen der Truppen vermeldeten. Heftige Angriffe auf die Verteidigungsstellungen der Alliierten noch am Vorabend des Entsatzes konnten abgewehrt werden, am 14. August aber war es soweit: die Belagerten wurden befreit, Peking erobert. Die Kaiserin-Witwe flüchtete mit ihrem gesamten Hofstaat nach Sianfu.

Die Verlustbilanz der Europäer war nicht unbedeutend: 62 Tote, 136 Verwundete.

Das Ende des Boxeraufstandes

Am Morgen des 7. August war die *Kaiserin und Königin Maria Theresia* in Taku eingelaufen, doch für die Entsendung eines Detachements zum Entsatz Pekings kam sie zu spät. Erst am 10. August traf das Detachement in Tientsin ein. Zu diesem Zeitpunkt war Kapitän zur See Pohl, dem man sich hätte anschließen sollen, mit den ihm unterstellten Entsatztruppen aber bereits Richtung Peking abgegangen. Und da weder Tragtiere noch Dschunken zur Verfügung standen, mußte man zunächst auf Nachschub warten.

Da Linienschiffsleutnant Johann Indrak von der *Zenta* zudem auch noch erkrankte und auf das Schiff zurückkehren mußte, übernahm der Kommandant des Landungsdetachements der *Kaiserin und Königin Maria Theresia*, Linienschiffsleutnant Victor Wickerhauser, auch den Befehl über das Tientsiner Detachement der *Zenta*.

Am 12. August war es endlich gelungen, 30 Maultiere und eine kleine Dschunke aufzutreiben, so daß für den folgenden Tag der Abmarsch festgesetzt werden konnte. Linienschiffsleutnant Alois Schusterschitz blieb als Etappenkommandant zurück, und Linienschiffsfähnrich Alfred Burkert erhielt den Befehl, nach Ankunft des zweiten Maultiertransportes unverzüglich mit Lebensmitteln nachzukommen. Eben diese Maultiere brachten so manchen an den Rand der Verzweiflung. Die meisten hatten kein Geschirr und wurden daher mit Hilfe von Seilen bepackt, was aufgrund des störrischen Naturells der Tiere bisweilen eher schwierig war. Die chinesischen Kulis, die eigentlich für die Maultiere zuständig waren, verhielten sich äußerst unkooperativ und nützten die erstbeste Gelegenheit, um sich mit den ihnen anvertrauten Tieren aus dem Staub zu machen.[46]

Eine Erfahrung dieser Art sollte übrigens auch unser Tagebuchschreiber machen, die ihn dann auch zu einem für ihn eher unerfreulichen Kapitel in seinem Tagebuch, das er selbst als Reiseabenteuer übertitelte, anregte.

Nachdem sich Vierheilig endlich von den Strapazen der Seymour-Expedition erholt hatte, wurde er zu eben jener Zeit zu einer neuen Operation – wollen wir sie Operation „Muli/Kuli“ nennen – eingeteilt:

Zum Teufel noch einmal, was ist denn das, sechs Uhr und der Zug ist noch nicht da. Linienschiffsleutnant Schusterschitz, Flaggenkommandant von Tientsin, schreitet erregt am Perron auf und ab und zieht wiederholt die Uhr. Der nach Yangtsun abfahrende Zug sollte schon längst in der nächsten Station sein. Er wartet darauf, das Detachement Elisabeth und Aspern, welche zur Verstärkung nach Tientsin von Taku abgehen, und zwar direkt ohne in Tientsin zu rasten, zu treffen, und noch immer läßt der von Taku kommende Zug auf sich warten. Tags zuvor erhielt er den Befehl, unversehens soviel Maultiere als möglich nach der Etappe Yangtsun zu senden, von wo aus das Detachement zu Fuß nach Peking marschieren und sich zum Transport der Munition, Proviant und sonstiger Bagage erwähnter Maultiere bedienen sollte, da dem Detachement andere Transportmittel nicht zur Verfügung standen.

Gefangener Boxer (Manfred Litscher, Wien)

Matrosen der *Aspern* auf „landesüblichem" Fahrzeug (Heeresgeschichtliches Museum)

Ich erhielt von ihm den Befehl, sofort 30 Kulis aufzutreiben, welche bereit wären, durch ein Entgelt und Verköstigung die Maultiere nach Peking zu begleiten.
Nach schweren Mühen gelang es mir endlich, diese aufzutreiben und durch Versprechungen und schöne Hoffnungen so weit zu bewegen, daß sie sich entschlossen, mitzugehen, doch zeigten die meisten keine große Lust zu dieser Reise.
Unter großen Schwierigkeiten waren endlich den störrischen und bissigen Maultieren in zwei offenen Waggons 15 Chinesen zur Aufsicht über die Tiere beigegeben.
Nachdem ich die Meldung, daß alles einwaggoniert sei, dem Herrn Kommandanten erstattete, schickte er die beiden Matrosen, welche die Aufsicht hatten, nach Hause, und ich verblieb noch mit ihm bei den Waggons, um den von Taku kommenden Zug abzuwarten, da der bereits schon eine halbe Stunde wartende Train, in dem unsere Tiere untergebracht waren, auf den ersteren wartete, um die Waggons des Detachements anzukuppeln.
„Herr Schiffsleutnant, melde gehorsamst, die Leute sind ungeduldig, verlangen fortwährend zu essen und beklagen sich, daß die Maultiere aushauen und beißen."
„Ja was soll ich denn tun, der Zug soll längst schon da sein; Diabolo, mir scheint, der Train fährt weg, ohne auf die Unseren zu warten."
Da kam der Italiener auf ihn zu und teilte ihm mit, die Lokomotive des Takuer Zuges habe eine Havarie auf der Strecke erlitten, und da bereits eine Hilfslokomotive abgegangen sei, dürfte doch eine geraume Zeit bis zur Ankunft vergehen, und so lange könne der Train nach Yangtsun nicht warten.
„Um Gottes willen! Was machen wir jetzt, wir können doch die Chinesen mit den Maultieren nicht allein nach Yangtsun senden."
„Herr Schiffsleutnant, es bleibt nichts anderes übrig, ich gehe mit, wenn ich wenigstens eine Waffe bei mir hätte, denn mit so vielen Chinesen und noch dazu wird es Nacht, bis wir anlangen."
„Sie brauchen keine Angst zu haben, ich habe den Herrn Kadetten in Yangtsun schon verständigt; er wird am Bahnhof auf sie warten und melden sie ihm, daß das Detachement erst morgen früh kommt; also leben sie wohl bis morgen."

Es war die höchste Zeit, daß ich einstieg, denn der Zug setzte sich in Bewegung. Da es ein Lastzug war, der sehr viele Waggons hatte und schwer beladen war, so fuhr er langsam dahin, die Kulis verlangten fortwährend zum Essen, die Tiere hatten ebenfalls Hunger, schlugen uns und benahmen sich unruhig; noch dazu war ein großes Gewitter im Anzug.
In der Station Peitang mußten wir lange warten, und es trat vollständige Dunkelheit ein. Es dauerte nicht lange, und das Gewitter ging mit seiner ganzen Stärke nieder. Blitz auf Blitz, Donner auf Donner folgte, dabei regnete es in Strömen.
Die Tiere wurden wild, die Chinesen fluchten und wurden, da sie mich wehrlos sahen, immer frecher und drohten mir fortwährend mit dem Davongehen.
Ich war ganz verzweifelt. Da ich nur weiße leinene Kleider anhatte, war ich bald durch und durch naß, und da es sehr kühl war, fröstelte es mich ganz gehörig. Bei der herrschenden Dunkelheit konnte ich die neben mir stehenden Maultiere nicht recht sehen und erhielt jeden Moment einen recht schmerzhaften Hüftschlag.
Es kostete mich sehr viel Mühe, die Gemüter der Leute zu beruhigen, und ich versprach ihnen, wenn wir nach Yangtsun kommen, daß sie morgen doppelten Lohn und Reisportion erhalten.
Dies wirkte. Nach einer endlosen schrecklichen Fahrt gelangten wir endlich nach Yangtsun.
Es regnete unaufhörlich in Strömen und war stockfinster. Wir standen schon lange da, ohne daß ich einen Menschen gewahrte oder jemanden hörte, der nach uns fragte. Endlich erschien ein russischer Soldat mit einer Laterne in der Hand und sagte mir, ich möge doch die Tiere auswaggonieren, da die Waggons noch in der Nacht zurückgehen.
Nach endlos langem Suchen fand ich ein Brett, um die Tiere auszuladen.
Als das erste Maultier auswaggoniert wurde, verschwand es plötzlich vor meinen Augen, und als ich einen Schritt vorwärts machte, stürzte ich plötzlich den Bahndamm herunter, mitten hinein in eine Sumpflacke. Erschrocken, dann fluchend raffte ich mich auf und kroch wieder hinauf, dabei hörte ich, wie die auswaggonierten Tiere neben mir herunterkollerten und im Wasser herumliefen. Ich wußte nun, daß wir auf ganz offener Strecke standen, da unser Waggon einer der letzten war. In der verdammten Finsternis konnte ich nicht einmal meine Hand sehen, geschweige denn die Chinesen und Maultiere.
Endlich waren alle ausgeladen, und ich stand ratlos da. Wo sollte ich hin? Kein Mensch da, es regnete so, daß man nichts hörte als das Aufschlagen der Tropfen, und in der Dunkelheit konnte ich mich nicht zurechtfinden, wo ich denn eigentlich stecke. Die Maultiere waren scheu geworden, die Chinesen konnten oder wollten sie nicht mehr halten und ließen sie laufen, und in der Finsternis konnte ich überhaupt nicht sehen, ob alle Menschen und Tiere komplett waren.
Die Chinesen bestürmten mich fortwährend, ich möge ihnen Reis beschaffen, sie haben Hunger etc. und kümmerten sich überhaupt nicht mehr um die Tiere.
In dieser verzweifelten Situation entschloß ich mich, auf die Suche nach dem Herrn Kadetten zu gehen und sagte den Chinesen, sie mögen alle Tiere zusammenbinden und warten. Ich gehe nach Yangtsun Hilfe holen.
Ich kroch wieder auf den Bahndamm und gelangte nach endlosem Herumtappen in die Station.
Der Bahnhof war notdürftig hergerichtet und lag wie ausgestorben da. Links neben dem Bahnhof stand eine Baracke, welche auf einer Seite offen war und als Unterkunft für die diensthabenden russischen Soldaten diente, welche den Verkehrsdienst ausübten. Hier bemerkte ich einige brennende farbige Laternen und einen Soldaten, welcher sitzend auf einer Bank schlief. Ich trat auf ihn zu mit der Frage, ob er einen österreichischen Offizier und Matrosen gesehen habe. Er brummte was im Schlafe und verneinte, offenbar verstand er mich nicht trotz mehrfacher Auseinandersetzung. Da aus dem Kerl nichts herauszubekommen war, stand ich ganz ratlos da und wartete, vielleicht ließ sich noch jemand zeigen.
Es dauerte nicht lange, da erschien ein russischer Unteroffizier, der Dienst hatte, und fragte mich erstaunt auf deutsch, was ich da wolle. Ich erzählte ihm meine Geschichte, worauf er mir die Auskunft gab, die Österreicher liegen auf der linken Seite von Yangtsun und circa eine halbe Stunde vom Bahnhof. Heute abends sei überhaupt niemand am Bahnhof gewesen, wahrscheinlich wird der Offizier nichts davon wissen.
Trotzdem er mir abriet, in dem Regen und ohne Wasser nach Yangtsun zu gehen, entschloß ich mich doch und dankte ihm für seine Freundlichkeit. Er lud mich ein, bei ihm in der Baracke zu übernachten.

Es war ein fürchterlicher Gang. Jeden Moment stürzte ich in einen Graben oder fiel in eine Kotlacke und in der Dunkelheit verfehlte ich noch dazu den Weg. Endlich glaubte ich am Ziel zu sein, als mir auf einmal ein „Halt, wer da?" russisch entgegen klang. „Austria", rief ich, und im nächsten Moment standen wie aus dem Boden gewachsen einige russische Soldaten mit aufgepflanztem Gewehr drohend da. Beim Schein der Laterne erkannten sie mich, und auf die erstaunte Frage, wo ich denn eigentlich hin wolle, sagte ich nach Yangtsun.

Alle lachten auf einmal. „Sie gehen ja fehl. Wir sind hier Feldwache, da drüben ist feindliches Terrain. Nach Yangtsun müssen sie da hinübergehen. Sie müssen zurück, die Österreicher sind auf der anderen Seite des Peiho, und um da hin zu kommen, müssen sie über die große Eisenbahnbrücke, weil bei Nacht die Bootsbrücken geöffnet werden und eine andere Passage nicht existiert." Ich war ganz niedergeschmettert. Von dem Gehen und fortwährenden Stürzen war ich ganz zerschlagen, dabei bis auf die Haut naß, und die Kälte beutelte mich anständig. Die Russen, welche mein Zustand erbarmte, luden mich ein, auszurasten, und gaben mir Tee mit Wodka zu trinken, der mich stärkte und erwärmte. Mit vielen Dankesworten über die Aufnahme begab ich mich auf den Rückweg. In der Finsternis stürzte ich in einen Graben und hatte mir am Knie derart wehgetan, daß mir vor Schmerz fast die Sinne vergingen. Wie lange ich da lag, weiß ich nicht, aber Nässe und Kälte brachten mich wieder zur Besinnung, und nach langem entsetzlichen Marsch war ich wieder in der Station angelangt.

Hier begegnete ich dem Unteroffizier, der mit mir auf die Suche nach den Chinesen und Pferden ging; wir konnten jedoch niemanden finden. Die Chinesen, denen meine Rückkunft offenbar zu lange dauerte, nahmen Reißaus. Ich war ganz weg. Verzweifelt lief ich rufend hin und her, doch vergebens, keine Antwort als das Aufschlagen der Regentropfen. Kein Pferd, kein Chinese, alle spurlos verschwunden. Mir graute es vor dem kommenden Morgen, was wird der Kommandant des Detachements sagen, wenn er ankommt und nichts findet. Mir stiegen vor Angst die Haare zu Berge, und ich weinte angesichts dieser für mich so schrecklichen Lage bittere Tränen. Der Russe hatte viel Mühe, mich soweit zu beruhigen, und tröstete

Gemeinsame Parade der internationalen Detachements (Manfred Litscher, Wien)

mich mit dem Versprechen, sofort, wie es hell werde, seine sämtlichen Soldaten und Chinesen auf die Suche zu senden, denn in der Dunkelheit können die Tiere nicht weit gekommen sein.
Nach langem Zureden entschloß ich mich, nachdem ich einsah, daß ein weiteres Suchen in der herrschenden Finsternis zwecklos sei, mit dem Unteroffizier zu gehen, der mir sofort warmen Tee und Schnaps gab, ein Feuer anfachte, an dem ich mich langsam trocknen konnte. Wie lange ich dagesessen bin, weiß ich nicht, denn bald darauf übermannte mich vor Müdigkeit der Schlaf.
Gegen Morgen weckte mich der Unteroffizier und bedauerte vielmals, mir nicht helfen zu können. Denn weiß der Teufel wie, alle seien spurlos verschwunden. Er habe über 30 Mann ausgeschickt, welche nach einer Stunde vergeblichen Suchens resultatlos zurückkehrten. Ich mußte mich fügen. Was half da Zetergeschrei. War es denn meine Schuld? Wie konnte ich allein so viele Menschen und Tiere bewachen, noch dazu in der rabenschwarzen Nacht und bei Regen. Wenn der Kadett am Bahnhof gewartet hätte, es wäre geholfen gewesen, aber bei der russischen Nachlässigkeit erhielt er das Telegramm einen Tag später, und wenn nicht zufällig einer seiner Matrosen dagewesen wäre, hätte er überhaupt keine Ahnung gehabt, daß das Detachement in der Früh eingetroffen war. Nachdem ich noch selbst überall nachgefragt und niemand was gesehen hatte, wartete ich auf das Detachement, das um circa acht Uhr früh eintraf.
Als ich dem Herrn Kommandanten des Detachements wahrheitsgetreu die Meldung erstattete, traf diesen fast der Schlag.
Er hätte eher etwas anderes erwartet als diese Hiobsbotschaft. Was nutzte da raisonieren, es half doch nichts, die Tiere waren und blieben verschwunden, auch trotz Nachforschung des Detachements.
Ich kehrte um zehn Uhr nach Tientsin zurück und meldete meinem Kommandanten den ganzen Vorfall. Er war natürlich ganz weg, doch sah er ein, daß es ihm an meiner Stelle auch nicht anders ergangen wäre. Gott sei Dank, außer dem Schrecken und der Angst erhielt ich keine andere Strafe als einen tüchtigen Tadel.

Damit enden die Tagebucheintragungen des Marine-Unteroffiziers Anton Vierheilig.

Die Eskadre blieb in der vorher erwähnten Stärke bis Juni 1901 in ostasiatischen Gewässern, beteiligte sich immer wieder mit einzelnen Detachements zur Aufrechterhaltung der Ordnung an Expeditionen ins Hinterland. Mit 22. Juni 1901 erhielten *Kaiserin Elisabeth* und *Zenta* Anweisungen zur Rückkehr nach Pola, wo sie am 1. Oktober 1901 eintrafen.[47]

Tientsin. Die katholische Kirche nach der Beschießung durch die Chinesen (Heeresgeschichtliches Museum)

S. M. S. *Zenta* von 1901 bis zum Ausbruch des Weltkrieges 1914

Nach der Rückkehr von ihrer fast 23 Monate dauernden Missionsreise wurde die *Zenta* in den Reservestand versetzt und zur Durchführung von Instandsetzungsarbeiten in das Seearsenal Pola kommandiert. Eine Teilnahme an der zu Jahresbeginn 1902 formierten Eskadre war daher nicht möglich; auch während der Sommerperiode ab 15. Juni verblieb die *Zenta* in der Reserve.

Am 15. Oktober 1902 trat der kleine Kreuzer unter dem Kommando des Fregattenkapitäns Wilhelm Ritter von Böckmann seine zweite Missionsreise an die afrikanischen Küsten und die Ostküste Südamerikas an. Der beabsichtigte Besuch Alexandriens mußte aufgrund der „ungünstigen Gesundheitsverhältnisse dieser Stadt“ entfallen, so daß nach dem Passieren des Suez-Kanals Aden als erste Stadt angelaufen wurde.[48] Bis zur Jahreswende 1902/1903 wurden noch die Städte Mombassa, Sansibar, Diego Suarez und Tamatave erreicht. Anfang 1903 wurde die Insel Reunion besucht und am 17. Jänner nach der Berührung von Laurenzo-Marques Port Natal angelaufen. In diesem Hafen kam es zu einer bemerkenswerten und für die Besatzung der *Zenta* unerwarteten Begegnung. Kaiser Franz Joseph I. war neben anderen in- und ausländischen Regimentern auch Inhaber des britischen Kings Dragoon Guards-Regiments, welches in Potchefstroom, rund 60 Fahrstunden von Port Natal, garnisonierte. Das Regiment hatte den ältesten Rittmeister zur Begrüßung der *Zenta* entsandt, der sich nach Überbringung einer Grußbotschaft seines Regimentskommandanten als Führer bei der Besichtigung der Schlachtfelder des Burenkrieges anbot. Im Rahmen eines Landausflugs wurden vom Schiffskommandanten und fünf Angehörigen des Schiffsstabes die Kampfplätze von Colenso, Tugela, Ladysmith und Spionskop besucht.

S. M. S. *Zenta* in Pola nach der Rückkehr aus Ostasien (Privatsammlung)

Matrosen in feldmäßiger Ausrüstung (Nach der Organischen Vorschrift für das Personale der k. und k. Kriegs-Marine, Wien 1891)

Links: Oberbootsmann in Tropenadjustierung; rechts: Niederer Unteroffizier in Tagskleidern

Landungsmanöver S. M. S. *Zenta* bei Grado (Privatsammlung)

In weiterer Folge wurden die Häfen East-London, Port Elizabeth und Kapstadt angelaufen, wobei Kapstadt aufgrund der recht ansehnlichen österreichisch-ungarischen Kolonie der *Zenta* einen überaus freundlichen Empfang bereitete. Neben der prestigeträchtigen Funktion des „Flagge Zeigens" wurden beiläufig auch Verwaltungsaufgaben übernommen und fünf österreichisch-ungarische Staatsbürger assentiert. Drei der Neuassentierten wurden unmittelbar als Matrosen in den Stand der *Zenta* übernommen.

Die Weiterreise erfolgte über die Walfischbai, St. Paolo de Loanda, Banana-Creek, Boma, Matadi (in Ostafrika) nach Südamerika, wo nach der Streifung von Sao Paolo und Montevideo am 10. Mai Buenos Aires angelaufen wurde. Die dort ansässige österreichisch-ungarische Kolonie schien über den Besuch des Kriegsschiffes aus der alten Heimat derart erfreut gewesen zu sein, daß an das k.u.k. Außenministerium die Bitte herangetragen wurde, den Aufenthalt der *Zenta* in Buenos Aires zu verlängern. Dieser Bitte wurde seitens des Ministeriums entsprochen. Ein außerplanmäßiger Halt wurde auch in Rosario eingelegt, da die dort ansässigen österreichisch-ungarischen Staatsangehörigen um einen Besuch der *Zenta* ausdrücklich gebeten hatten. Die dortige Kolonie bestand größtenteils aus Dalmatinern und Südtirolern, die als Ackerbauern arbeiteten und dem Kreuzer einen herzlichen Empfang bereiteten.

Am 16. Juni wurde Paranagua erreicht, wo der Schiffsbesatzung gleichfalls ein begeisterter Empfang seitens der brasilianischen Behörden bereitet wurde. Die gesamte Mannschaft wurde in die Stadt Curitiba eingeladen, wo für die Bequartierung der Matrosen eigene Kasernenbauten zur Verfügung gestellt wurden; der Transport erfolgte mittels speziell bereitgestellter Extrazüge, deren Transportleistung kostenlos in Anspruch genommen werden konnte. Schiffskommandant und Stab wurden durch den dort ansässigen Distriktskommandanten empfangen und im Rahmen zahlreicher Ansprachen geehrt. Von Curitiba aus wurden auch die beiden, vornehmlich von galizischen Auswanderern gebildeten österreichisch-ungarischen Kolonien „Thomas Coelho" und „Abranches" besucht. Auch dort war der Empfang ein besonders herzlicher; zahlreiche Musikbanden spielten Heimatlieder, und unzählige patriotische Inschriften und Transparente brachten die Verbundenheit zum einstigen Heimatland zum Ausdruck. Von Paranagua wurde die Reise nach Rio de Janeiro fortgesetzt, wo die *Zenta* am 22. Juni 1903 eintraf. Schiffskommandant und sechs Angehörige des Stabes wurden gemeinsam mit dem bevollmächtigten k.u.k. Gesandten vom Präsidenten des Staates Brasilien empfangen. Nach Verlassen Rio de Janeiros nahm die *Zenta* Kurs auf Bahia und Pernambuco und lief in weiterer Folge die Häfen von Freetown und Dakar an der ostafrikanischen Küste an. Über Santa Cruz de Tenerife wurde Funchal erreicht, danach Cadiz, Tanger, Malaga und Tunis angelaufen. Nachdem abschließend noch Korfu gestreift wurde, erreichte die *Zenta* am 2. Oktober 1903 nach fast einjähriger Abwesenheit Triest, gerade rechtzeitig, um am feierlichen Stapellauf des österreichisch-ungarischen Kriegsschiffes *Erzherzog Karl* teilzunehmen. Acht Tage später, am 10. Oktober, wurde die *Zenta* in Pola abgerüstet und im Zustand der Ausrüstungsbereitschaft in die Eskadre, wenn auch nur formell, eingereiht.[49]

Die Instandsetzungsarbeiten an den technischen Einrichtungen des Kreuzers, die nicht zuletzt aufgrund der materialermüdenden Missionsreise notwendig waren, wurden überaus rasch durchgeführt und die *Zenta* bereits für die erste Übungsperiode (1. Jänner bis 15. Juni) der Eskadre im Jahre 1904 in Dienst gestellt. Gemeinsam mit S. M. S. *Satellit* wurde der kleine Kreuzer der Torpedoflottille zugeteilt, die ab dem 15. Juni, dem Beginn der Sommerübungen, von Kommodore Linienschiffskapitän Josef Ritter Mauler von Elisenau kommandiert wurde. Im Verlauf dieser zweiten Übungsperiode erfolgten zahlreiche Schieß-, Minen- und Torpedolanzierübungen. Insgesamt wurden vier größere Manöver durchgeführt, von denen nur zwei ausschließlich maritimer Natur waren. Die beiden anderen beinhalteten Angriffe gegen die beiden Kriegshäfen Pola und Cattaro, bei denen auch Landungstruppen des Heeres zum Einsatz kamen. S. M. S. *Zenta* blieb das ganze Jahr in Dienst gestellt, unterbrochen nur von einem kurzen Arsenalsaufenthalt, der dem Wechseln des 12 cm-Buggeschützes, der Installierung einer Funktelegraphenstation und der Behebung einer Havarie, ausgelöst durch einen zivilen Dampfer in Triest, galt.[50]

Mit 1. Jänner 1905 wurde der kleine Kreuzer *Zenta* wiederum in die Eskadre eingereiht und zum Führerschiff der Torpedoflottille bestimmt. Während der Sommerübungsphase erfuhr die gesamte Eskadre die übliche Verstärkung, *Zenta* diente dem Kommandanten der Torpedoflottille, Kontreadmiral Guido Couarde, als Flaggenschiff. Für die am 15. September beginnende dritte Übungsperiode wurde die Stärke der Eskadre wieder reduziert und auch *Zenta* in den Reservestand versetzt.[51]

Im Jahr 1906 erfolgte die Indienststellung der *Zenta* zur zweiten Übungsperiode, in deren Verlauf der Kreuzer der II. schweren Division, bestehend aus den Schiffen *Monarch*, *Wien* und *Budapest*, zugeteilt wurde. Im Rahmen der Versetzung der gesamten II. schweren Division in den Reservestand schied auch die *Zenta* nach nur dreimonatiger Indienststellung aus dem Eskadreverband aus.[52] 1907 erfolgte die Indienststellung der *Zenta* wiederum ausschließlich für die Sommerübungsperiode, in der sie als „Repetiteur" eines Übungsgeschwaders diente. 1908 verblieb sie für die ganze Jahresdauer in der Reserve.

S. M. S. *Zenta* im Verlauf der Missionsreise nach Südamerika (Privatsammlung)

S. M. S. *Zenta* vor Sansibar (Privatsammlung)

Schießübungen S. M. S. *Zenta* im Juli 1905 (Privatsammlung)

Schießübungen S. M. S. *Zenta* im Juli 1905 (Privatsammlung)

Die angespannte politische Situation im Jahre 1909 hatte auch auf die Indienststellung der Eskadre große Auswirkungen, so daß die erste Übungsperiode bereits Mitte März beendet und der Übergang auf die verstärkte Sommerzusammensetzung bereits mit 1. Mai begann. Das Gros der Eskadre hielt sich bis April in den Häfen Süddalmatiens auf, kleinere Einheiten hatten die Küstenlandstriche zu überwachen. Aufgrund von Massakern an Christen in Kleinasien entschied sich die Marinesektion, eine Schiffsdivision in die Levante zu entsenden, die unter dem Kommando des Kontreadmirals Lazar Schukić stand und aus den Schiffen *Kaiser Karl VI.*, *Zenta* und *Magnet* bestand. Die österreichisch-ungarische Division erreichte am 25. April Piräus und vereinigte sich mit der dort bereits befindlichen internationalen Eskadre. *Zenta* wurde am 3. Mai nach Mersina kommandiert, um den dort lebenden Staatsangehörigen im Falle von Übergriffen Schutz gewähren zu können. Die Situation hatte sich in der Zwischenzeit jedoch wieder beruhigt, so daß die *Zenta* nach einer Kreuzung in der Antioch-Bai am 17. Mai wieder nach Piräus zurückkehren konnte. Die gesamte Schiffsdivision wurde am 5. Juni wieder nach Pola einberufen, wo sie am 9. Juni eintraf. Vom 31. Juli an wurde die Reserveeskadre, darunter auch die *Zenta*, in Pola zusammengeführt, danach wurden keine größeren Kreuzungen und Übungen mehr durchgeführt. Diese Periode der relativen Ruhe wurde vor allem für Instandsetzungsarbeiten an den Schiffen und die Matrosenausbildung genützt.[53]

In den Jahren 1910 bis 1913 erlebte die *Zenta* meist nur während der Sommerübungsperioden kurzfristige Indienststellungen und verblieb den Rest des Jahres im Verband der Reserveeskadre oder zur Durchführung von Instandsetzungsarbeiten in Ausrüstungsreserve.

S. M. S. *Zenta* mit großer Flaggengala, vermutlich in Tschingwantao, dem Winterhafen des internationalen Geschwaders in Ostasien (Privatsammlung)

S. M. S. *Kaiserin und Königin Maria Theresia* (Heeresgeschichtliches Museum)

Maschinengewehr an Bord von S. M. S. *Kaiserin und Königin Maria Theresia* (Heeresgeschichtliches Museum)

S. M. S. *Aspern*, eines der Schwesterschiffe von S. M. S. *Zenta* (Heeresgeschichtliches Museum)

Das Ende. Die Versenkung des Kreuzers *Zenta*

Am 5. August 1914 – Österreich-Ungarn befand sich zu diesem Zeitpunkt bereits im Krieg mit Serbien – wurde der Abbruch der diplomatischen Beziehungen durch die montenegrinische Regierung bekanntgegeben und Österreich-Ungarn der Krieg erklärt. Für die Kriegsmarine bedeutete dies, die bereits in Friedenszeiten für diesen Kriegsfall vorgesehene Blockade der montenegrinischen Küste zu errichten, um jegliche Verbindung Montenegros zum verbündeten Serbien abzuschnüren. Zuvor sollte jedoch der montenegrinische Hafen Antivari mit seiner wichtigen Radiostation in einer Blitzaktion angegriffen werden. Zu diesem Zweck wurden die Kreuzer *Szigetvár* und *Zenta*, der Torpedobootszerstörer *Uskoke* sowie das Torpedoboot *72* am 8. August Richtung Antivari in Marsch gesetzt. Dort eingetroffen, wurde nach vorheriger Warnung von beiden Kreuzern das Feuer auf die Radiostation und die im Hafen liegenden Bahnanlagen eröffnet. Beide Ziele konnten zerstört oder in Brand geschossen werden.

Nach der Übergabe der Blockadeerklärung durch österreichisch-ungarische Parlamentäre konnte ab dem 10. August 1914 nunmehr die Blockade der montenegrinischen Küste – völkerrechtlich gedeckt – begonnen werden. Die Kreuzer *Szigetvár*, *Zenta*, die Torpedobootszerstörer *Uskoke*, *Streiter*, *Ulan* sowie die Torpedoboote *64*, *68*, *70* und *72* standen für die Überwachung zur Verfügung. Die Kräfteverteilung sah tagsüber die Kreuzung jeweils eines Kreuzers, eines Torpedobootszerstörers und eines Torpedobootes im Blockadegebiet vor.

Am 16. August hatte *Zenta* frühmorgens die Bai von Teodo verlassen und war auf südöstlichen Kurs gegangen. Zwischen Volovica und Kap Menders wurden in Richtung Süd-Süd-West Rauchsäulen gesichtet; *Ulan*, der sich weiter südlich befunden hatte, kam bereits mit Volldampf auf die *Zenta* zugelaufen und meldete gleichfalls Rauchsäulen. Der Kommandant der *Zenta*, Fregattenkapitän Paul Pachner, erkannte sofort, daß es sich nur um feindliche Kriegsschiffe handeln konnte, und befahl die sofortige Rückkehr in die Bocche di Cattaro. Bereits auf Heimatkurs steuernd konnten plötzlich auch aus Richtung West-Nord-West gleichfalls zahlreiche Rauchsäulen erkannt werden. Offensichtlich hatten es *Zenta* und *Ulan* mit 17 bis 18 größeren Einheiten, also einem Gros der französischen Flotte, zu tun, die aus zwei Richtungen auf die montenegrinische Küste zusteuerten. Beide k.u.k. Einheiten liefen Gefahr, eingeschlossen zu werden.[54]

Der letzte Kommandant S. M. S. *Zenta*, Fregattenkapitän Paul Pachner (Privatsammlung)

Admiral Sir Andrew Cunningham, im August 1914 Kommandant des englischen Zerstörers *Scorpion*, schrieb in seinen Lebenserinnerungen: „So wie wir das sahen, blockierte ein Teil der österreichischen Flotte die montenegrinische Küste nach Skutari, und der französische Admiral hatte die Idee, mit seinen Schlachtschiffen nachts abgeblendet unter der italienischen Küste nach Norden zu laufen, dann die Adria zu überqueren und nach Süden vorzustoßen. Admiral Troubridge mit der *Defence* und einigen französischen Kreuzern und unseren Zerstörern sollte die Falle im Süden schließen ..."[55]

Die aus West-Nord-West kommenden französischen Schlachtschiffe, Panzerkreuzer und Torpedoeinheiten nahmen Kurs auf den Golf von Cattaro und begannen damit, der *Zenta* die Rückzugslinie abzuschneiden. Pach-

Torpedobootszerstörer *Uskoke*
(Heeresgeschichtliches Museum)

S. M. Kleiner Kreuzer *Aspern* (Heeresgeschichtliches Museum)

Der Stab S. M. S. *Zenta* nach seiner Befreiung aus montenegrinischer Gefangenschaft, in der Mitte stehend mit Stock Paul Pachner (Privatsammlung)

ner entschied sich, Kurs auf Castellastua (heute Petrovac na moru) zu nehmen, um, dicht unter Land fahrend, dem Gegner das Zielen und die Schußbeobachtung zu erschweren und im Falle der Versenkung die Rettung der Besatzung zu erleichtern. S. M. S. *Ulan*, das aufgrund seiner größeren Höchstgeschwindigkeit die beste Chance für ein Entkommen Richtung Norden hatte, versuchte nun mit Volldampf den Golf von Cattaro zu erreichen. Die beiden feindlichen Geschwader hatten sich inzwischen vereinigt und kamen, mit einer geschätzten Geschwindigkeit von 20 Knoten laufend, der nur 18 Knoten schnellen *Zenta* rasch näher. Pachner depeschierte inzwischen an sein übergeordnetes Kommando, die V. Schiffsdivision, seine Beobachtungen. Seine letzte Meldung lautete: „17 feindliche Schiffe jagen *Zenta*."[56] Über das sich nun entwickelnde Gefecht berichtet Pachner in seiner Gefechtsrelation:

„... Die fünf zuerst gesichteten Schiffe hatten sich mittlerweile der Queue des Gros angeschlossen. Den Silhouetten nach zu urteilen, konnten es englische Kreuzer der ‚Inflexible'-Klasse sein. Wir bemerkten, daß Signale gemacht und zwei Schüsse abgegeben wurden, deren Einschläge nicht wahrzunehmen waren. Ich faßte dies als Aufforderung zur Übergabe auf und antwortete mit Hissen der kleinen Flaggengala und der seidenen Ehrenflagge. Gleich darauf, gegen 9 Uhr a.m., begannen sich drei bis vier Panzerschiffe (Dreadnoughttyp) mit Turmgeschützen auf uns einzuschießen. Der erste Doppelschuß war zu weit, der zweite zu kurz, hierauf erfolgte eine knapp unter Bord einschlagende kurze Lage, welche das Vorschiff und die Brücke mit einer Sturzsee und einzelnen Sprengstücken überschwemmte. Die verwendeten Geschosse schienen uns Zündergranaten großen Kalibers (30,5 cm) zu sein. Die Distanz des Feindes hatte sich unterdessen auf 8.000 bis 10.000 Meter verringert. Ich befahl das Feuer auf das Teteschiff zu eröffnen. Die ersten Lagen fielen kurz, die folgenden gut.

Die Sprengstücke einer Granate, welche in die Maschinenwerkstätte eingedrungen waren, durchtrennten bald darauf die Hauptdampfleitung, wobei ... beide Maschinen außer Betrieb gesetzt wurden. Das manövrierunfähige Schiff bot nun dem Feinde eine stillstehende Scheibe. Mit der erübrigenden Fahrt drehte ich noch derart auf, daß alle Geschütze der Backbordseite guten Ausschuß hatten, befahl die Feuer zu löschen und die Sicherheitsventile zu lüften.

Nach diesem verhängnisvollen Schuß, mußte wohl jedermann an Bord das Schicksal erahnen, welches ihm bevorstand. Der Dampf entwich mit Macht in den Maschinenraum, durch die Schächte und hüllte das Schiff in eine Wolke. In diesem Augenblicke gaben die Offiziere, Fähnriche und Aspiranten durch ihre tapfere Haltung das vorbildliche Beispiel zum Ausharren auf ihren Gefechtsstationen. Ich ließ weiterkämpfen, trotzdem unser Feuer wegen der großen Distanz wenig Erfolg versprach, um der Waffenehre und den Traditionen der Marine treu zu bleiben und der Mannschaft durch Erwiderung des Feuers den in dieser hoffnungslosen Lage nötigen moralischen Halt zu geben. Weitere feindliche Treffer verursachten Brände auf Deck und in der Batterie, welche nach und nach die Verbindung zwischen Brücke und Achterdeck verhinderten und mich bewogen, die Munitionskammern unter Wasser setzen zu lassen. Das Feuer war trotz der Bemühungen des Gesamtdetailoffiziers nicht mehr zu löschen. Die Pumpen versagten, Steig- und Lichtleitungen waren zerstört. Ein Schuß hatte derweil den vorderen Kesselraum durchschlagen und einen Wassereinbruch verursacht ...

Die in Betracht kommenden Geschütze waren teils demontiert, teils havariert, nur Geschütz II blieb gebrauchsfähig und wurde nach Außergefechtsetzung seiner Bemannung vom Artillerieoffizier, Linienschiffsleutnant Albert Homayr, bis zum Verlassen des Schiffes bedient. Im Ganzen wurden unsererseits über 120 Schüsse abgegeben. Das Deck war mit Toten und Verwundeten bedeckt. Letzteren konnte keine Hilfe mehr geleistet werden. Schüsse hatten den Verbandsplatz, das Spital und die Radiokabine zerstört. Das Vorschiff war am ärgsten zerschossen; die Brücke, auf der ich mich bis zum letzten Momente aufhielt, war teilweise zertrümmert. Große Breschen waren außerdem mittschiffs in der Batterie, im Handsteuerraum und Heizerwaschlokal geschlagen worden. Nur die Flaggen, Masten, Kamine und ein Stück des oberen Achterdecks waren unversehrt geblieben. Zu dieser Zeit befand sich das Schiff beiläufig vier bis fünf Seemeilen West-Süd-West von Castellastua.

Als ich sah, daß das Ende nahte, ließ ich noch die reservierten und geheimen Dienstbehelfe über Bord werfen, die Torpedos ausfeuern und schließlich die Kingstons öffnen; doch war es nicht mehr möglich, zu den Ventilen zu gelangen, auch fehlte es an Zeit hiezu, weil das Schiff infolge von Wasserlinientreffern sichtlich zu sinken begann. Nun erteilte ich den Befehl, das Schiff zu verlassen. ... Meine Befehle wurden ruhig und präzise befolgt. Die Mannschaft war ruhig und bewahrte angesichts der aussichtslosen Lage eine sehr gute, teilweise musterhafte Haltung. Als ich annehmen konnte, daß die Leute über Bord gesprungen waren, folgte ich dem Stabe nach. Mich im Wasser umdrehend bemerkte ich, daß sich auf dem Achterdecke, welches ich vorher der Flammen und des Rauches wegen von der Brücke aus nicht überblicken konnte, noch Seefähnrich Max von Kramer und einige Personen befanden. Ich schwamm daher zurück, kletterte auf Deck und verließ das Schiff neuerdings erst knapp vor dem Untergang. Nachdem ich etwa 100 Meter schwimmend zurückgelegt hatte, richtete sich S. M. S. *Zenta* plötzlich vorne auf, so daß ein Stück des Spornes sichtbar war, und versank mit wehenden Flaggen, Heck voraus, in die Tiefe. Ein vielstimmiges, spontanes „Hurrah" der im Wasser schwimmenden Bemannung begleitete den Untergang. Es war gegen 9 Uhr 40 Minuten a.m."[57]

Auf gegnerischer Seite hatten an diesem Gefecht beide französischen Liniengeschwader, eine leichte Kreuzerdivision und drei Torpedoeskadrillen, verstärkt durch die Kreuzer und Torpedobootszerstörer des englischen Konteradmirals Troubridge, teilgenommen. Im Vergleich zu den eingesetzten Kräften war die Versenkung eines einzigen bereits veralteten Kreuzers also nicht gerade als überragender Erfolg zu werten gewesen. Noch dazu waren während des Artilleriegefechtes auf zwei französischen Schiffen Geschützhavarien aufgetreten, die das Unbrauchbarwerden, wenn auch nicht durch feindliche Einwirkung, von zwei 24 und einer 19 cm-Kanone zur Folge hatte. Der französische Vizeadmiral Bienaimé meinte nach dem Krieg zu diesem Gefecht: „Die Vernichtung dieses kleinen Kreuzers von 2500 t, der ohne Schutz zwanzig Minuten lang dem ungeregelten Feuer der gesamten Artillerie der Flotte preisgegeben war, wobei diese 500 großkalibrige Geschosse verbrauchte, zwei 24 cm-Geschütze und ein 19 cm-Geschütz verloren hat, ... diese Vernichtung sage ich, war im Vergleich zum bestätigten Aufwand nur eine lächerliche Genugtuung ..."[58] Dennoch, die Weiterführung der Blockade der montenegrinischen Küste schien nicht zuletzt aufgrund der Erfahrungen bei der Versenkung der *Zenta* nicht mehr sinnvoll. Sie wurde durch verstärkte Minenverlegungen vor Antivari und U-Boot-Kreuzungen entlang der Küste ersetzt.

Die kühnen Helden der „Zenta".

(16. August 1914.)

Es kam die fränkische Flotte in Sicht,
Doch keinem erblaßte das Angesicht,
Den kühnen Helden der „Zenta".
Sie sandten die Kugeln so frisch und keck,
Daß es schwirrt und hagelt auf feindlichem Deck,
Die kühnen Helden der „Zenta".

Der Franzmann starrte entsetzt sie an:
„Solch trotzige Helden wir nimmer sah'n!"
Das waren die Männer der „Zenta".
Doch eins gen viele: Das ist der Tod;
Der Kreuzer stöhnte in Sterbenot,
Doch nimmer die Männer der „Zenta".

Sie sinken hinab ... hoch aus der Flut
Ihr Banner noch blitzt in der Sonnenglut;
Es jauchzen die Männer der „Zenta".
Sie singen und jubeln im Tode noch:
„Dem Kaiser, dem Reiche ein donnernd Hoch!"
Die kühnen Helden der „Zenta".

VOLKSBUNDKARTE 2. DIE „ZENTA".
TEXT VON M. v. GREIFFENSTEIN, WIEN
MELODIE VON W. d. SUNNLEITNER, WIEN
ZEICHNUNG VON ROBERT WOSAK.

Propagandapostkarte „Den kühnen Helden der *Zenta*" (Privatsammlung)

Propagandapostkarte „Den Helden der *Zenta*“ (Privatsammlung)

139 Männern des Schiffsstabes und der Besatzung gelang es, schwimmend die montenegrinische Küste zu erreichen, 173 Besatzungsmitglieder blieben vermißt. Die Überlebenden gerieten in montenegrinische Kriegsgefangenschaft und konnten erst 1916 im Verlauf der siegreichen Landoperationen der k.u.k. Armee gegen Montenegro befreit werden. Von seiten der Franzosen und Briten waren keinerlei Anstalten gemacht worden, die im Wasser treibenden Überlebenden der *Zenta* an Bord zu nehmen. Die Unterlassung der Hilfeleistung wurde von den beteiligten Kommandanten unterschiedlich erklärt, wobei die Bedrohung durch Seeminen oder die Küstenbatterien von Cattaro, in mehreren Nachkriegsrelationen angeführt, als kaum relevant angenommen werden können. Andrew Cunningham wies die Verantwortung für diese in der ersten Kriegsphase als überaus inhuman zu bezeichnende Vorgangsweise dem französischen Flottenkommandanten, Vizeadmiral Boué de Lapeyrère, zu. Dieser hätte auf die Anfrage Troubridges, ob die Überlebenden der *Zenta* aufzunehmen seien, mit der Bemerkung geantwortet, daß „... es nun zu spät dafür sei“.[59]

Das Ende des kleinen Kreuzers *Zenta*, vornehmlich für den Missions- und Stationsdienst an fernen Küsten gebaut, stellte für die Bevölkerung Österreich-Ungarns das erste spektakuläre Ereignis der Kriegsmarine dar, dessen negativer Ausgang nicht zuletzt durch die offizielle Berichterstattung stark verklärt wurde. „... Sie [Schiff und Besatzung – Anm. d. Hg.] haben, bis zum Untergang tapfer kämpfend, dem Feind einen Begriff des wagemutigen und opferfreudigen Geistes gegeben, der unter der k.u.k. Flagge herrschte und die Geschichte der k.u.k. Kriegsmarine um ein neues Ruhmesblatt bereichert.“[60]

Damit wurde eine sachliche Untersuchung der Ursachen für den Verlust der *Zenta* bereits von vornherein unterbunden. Die an der montenegrinischen Küste eingerichtete Blockade konnte aufgrund der für diesen Einsatz zur Verfügung stehenden österreichisch-ungarischen Einheiten wohl kaum mehr als symbolhaft eingeschätzt werden. Die Entsendung des veralteten Kreuzers *Zenta* mit seinem nicht mehr zeitgemäßen Konstruktionsprinzip, der mangelnden Panzerung und der im internationalen Vergleich viel zu niedrigen Höchstgeschwindigkeit für Fahrzeuge der Kreuzerklasse an eine derart exponierte Position läßt seinen Einsatz aus heutiger Sichtweise überaus risikoreich erscheinen. Andererseits wäre der Ausgang einer Konfrontation zwischen den eingesetzten Marineeinheiten der Entente und einer etwaig vor Montenegro befindlichen starken k.u.k. Eskadre kaum vorherzusehen gewesen. Die Falle, die von den beiden französisch-britischen Geschwadern gestellt wurde, hatte sich daher aufgrund des „kräftesparenden“ Einsatzes vor Montenegro nur um die *Zenta* geschlossen.

Propagandaphoto „An Land gespülte Flagge des k.u.k. Kreuzers *Zenta*". Nach dem neuesten Forschungsstand konnte die Authentizität der Flagge nicht eindeutig bestätigt werden! (Heeresgeschichtliches Museum)

Glossar
Boxeraufstand 1900/01

1900

11. 1.	Boxerfreundliches Edikt der Kaiserin-Witwe.
27. 1.	Aufforderung der europäischen Staaten sowie Japans und der USA an die chinesische Regierung, die Missionen vor Übergriffen der Boxer zu schützen.
15. 4.	Verbot der Boxerbewegung; Bestrafungsaktionen scheitern, da sich reguläre chinesische Truppen mit den Boxern in Tientsin und Peking verbrüdern.
18. 5.	Schwere Ausschreitungen der Boxer mit 73 Toten.
10. 6.	Aufbruch Admiral Seymours mit einem internationalen Detachement nach Peking zum Entsatz der Gesandten.
14. 6.	Beginn der Unruhen in Peking nach Zusammenrottungen der aufständischen Boxer.
19. 6.	Chinesisches Ultimatum an die europäischen Gesandten in Peking, das Land binnen 24 Stunden zu verlassen; Mobilmachung der deutschen Marine-Infanterie und Entsendung nach China.
20. 6.	Ermordung des deutschen Gesandten von Ketteler vor Ablauf des Ultimatums; nach 16 Uhr erster Angriff auf die Gesandtschaften in Peking.
21. 6.	Offizielle Kriegserklärung Chinas an die Westmächte.
26. 6.	Endgültiges Scheitern der Seymour-Expedition; Rückzug nach Tientsin.
3. 7.	Allianzangebot Chinas an Japan, das am 13. 7. abgelehnt wird.
13./14. 7.	Eroberung und Plünderung von Tientsin durch die Alliierten.
16. 7.	Vorübergehender Waffenstillstand (bis 4. 8.)
27. 7.	„Hunnenrede“ Wilhelms II. aufgrund falscher Berichte über ein angebliches Massaker an Gesandtschaftsangehörigen: „Pardon wird nicht gegeben!“ Entsendung eines 30.000 Mann starken deutschen Detachements.
3. 8.	Aufbruch der Detachements von Tientsin nach Peking.
14. 8.	Entsatz Pekings und Befreiung der europäischen Gesandten; Flucht des Kaiserhofes.
25. 9.	Degradierung mehrerer Prinzen und hohen Würdenträger, die in den Boxeraufstand verwickelt waren, durch den Kaiserhof.
26. 10.	Aufnahme der Friedensverhandlungen zwischen der chinesischen Regierung und den verbündeten Kolonialmächten.

1901

10. 1.	Akzeptanz der Friedensbedingungen der Kolonialmächte durch die nach Sianfu geflohene Kaiserin-Witwe.
4. 9.	Empfang einer chinesischen „Sühnegesandtschaft“ unter der Leitung von Prinz Tschun durch Kaiser Wilhelm II.
7. 9.	Unterzeichnung des Internationalen Boxerprotokolls zwischen den Besatzungsmächten und China; hohe Reparationsforderungen an China.

Anmerkungen

1. Lothar Höbelt, Die Marine. In: Adam Wandruszka – Peter Urbanitsch (Hg.), Die Habsburgermonarchie 1848–1918. Band V: Die bewaffnete Macht, Wien 1987, S. 705–715.
2. Ulrich Schöndorfer, Der österreichische Kriegsschiffbau von 1848 bis 1914. In: Hans Hugo Sokol, Des Kaisers Seemacht. Die k.k. österreichische Kriegsmarine 1848 bis 1914. III. Teil. Abschlußband des Geschichtswerkes der K.u.K. Kriegsmarine, Wien 1980, S. 313–323.
3. Jahresbericht der k.u.k. Kriegsmarine pro 1895, Wien 1896, S. 5ff.
4. Marinewesen. Studien- bzw. Lehrbehelf für Offiziere und Offiziersschulen des Heeres und der Landwehren, Wien 1912, S. 4.
5. Franz F. Bilzer, Schiffstypenblatt Nr. 5. Zeitschrift der Arbeitsgemeinschaft für österreichische Marinegeschichtliche Nachrichten aus dem Marinewesen, In: Marine – Gestern – Heute, 3. Jg., 3. H., Wien 1976, S. 58.
6. Hinsichtlich der technischen Daten vgl. Franz F. Bilzer, Schiffstypenblatt Nr. 5, S. 58.
7. Unterricht für die 8 mm-Mitrailleuse M/93, Pola 1897, S. 27ff.
8. Artillerie-Unterricht für die k.u.k. Kriegsmarine. I. Theil, Pola 1903, S. 54 ff.
9. Stapellauf S. M. Schiffes *Zenta*. In: Mitteilungen aus dem Gebiete des Seewesens. XXV. Band, Pola 1897, S. 803–805.
10. Jahresbericht der k.u.k. Kriegsmarine pro 1894, Wien 1895, S. 7.
11. Stapellauf S. M. Schiffes *Zenta*, S. 804.
12. Bilzer, Schiffstypenblatt Nr. 5, S. 58.
13. Unterricht für das 12 cm-Schnellade-Geschütz L/40, S. C/96 in Mittelpivot-Wiegenlafette, Pola 1901, S. 5, S. 25ff.
14. Jahresbericht Kriegsmarine 1896, S. 23.
15. ÖStA/KA, Marinesektion Präsidial-Kanzlei 1897 Nr. 1978.
16. ÖStA/KA, Marinesektion Präsidial-Kanzlei 1897 I 4/3.
17. ÖStA/KA, Marinesektion Präsidial-Kanzlei 1897 I 4/1-3 Programm für die feierliche Taufe und Stapellassung S. M. Torpedo-Kreuzers *Zenta*.
18. Zur Vorgeschichte des Boxeraufstandes siehe Richard O'Connor, Der Boxeraufstand. Chinas blutige Tragödie, übersetzt von Renate Zeschitz, München 1980 (Originaltitel: The Spirit Soldiers, o. O. 1973), S. 7–11 (Das angeführte Zitat findet sich auf S. 10). Günter Schusta, Österreich-Ungarn und der Boxeraufstand, phil. Diss., St. Pölten 1967, S. 1–9. Jean Mabire, Blutiger Sommer in Peking. China 1900 – Der Boxeraufstand gegen die „Weißen Teufel", übersetzt von Grete Steinböck–Alfred Baumgartner, Wien–Berlin o. J. (Originaltitel: L'Eté rouge de Peking, Paris 1978), S. 7–12. Richard Georg Plaschka, Matrosen – Offiziere – Rebellen. Krisenkonfrontation zur See 1900–1918, Bd. I: Faktoren der Expansion (= Veröffentlichungen des österreichischen Ost- und Südosteuropa-Instituts, Bd. XII, hg. von Richard Georg Plaschka, Wien–Köln–Graz 1984), S. 51–70.
19. ÖStA/KA, Peking Weisungen 1899, Nr. 308.
20. Gerd Kaminski – Else Unterrieder, Wäre ich Chinese, so wäre ich Boxer. Das Leben an der k.undk. Gesandtschaft in Peking in Tagebüchern, Briefen und Dokumenten (= Berichte des Ludwig-Boltzmann-Institutes für China- und Südostasienforschung, Bd. 28, Wien–Zürich 1989), S. 48.
21. Diese Theorie findet sich in dem von ihm veröffentlichten Buch: George Nye Steiger, China und der Okzident, New Haven 1927.
22. O'Connor, Der Boxeraufstand, S. 12f.
23. Plaschka, Matrosen – Offiziere – Rebellen, S. 49.
24. Zitiert bei Peter Fleming, Die Belagerung zu Peking. Zur Geschichte des Boxeraufstandes, hg. von Alfred Günther und Till Grupp, Stuttgart 1961 (Originaltitel: The Siege at Peking, o. O. 1959), S. 24.
25. O'Connor, Der Boxeraufstand, S. 11–17. Schusta, Österreich-Ungarn und der Boxeraufstand, S. 10–11. Mabire, Blutiger Sommer in Peking, S. 11–12.

26. ÖStA/KA, 1.c.F14, 3737, 4986.
27. Plaschka, Matrosen – Offiziere – Rebellen, S. 49.
28. Laut Plaschka waren es 1,5 Millionen. Siehe dazu: Plaschka, Matrosen – Offiziere – Rebellen, S. 103.
29. Ebda., S. 78.
30. Schusta, Österreich-Ungarn und der Boxeraufstand, S. 51f.
31. Die Kaiserliche Marine während der Wirren in China 1900–1901, hg. vom Admiralstab der Marine, Berlin 1908, S. 20.
32. Ebda., S. 24.
33. Ebda., S. 30.
34. Plaschka, Matrosen – Offiziere – Rebellen, S. 102–104.
35. Die Kaiserliche Marine während der Wirren in China 1900–1901, S. 34.
36. Ebda., S. 39.
37. Ebda., S. 49.
38. Plaschka, Matrosen – Offiziere – Rebellen, S. 105.
39. Conway's All the World's Fighting Ships 1860–1905, Greenwich 1979. René Greger, Austro-Hungarian Warships of World War I, Letchworth 1976, S. 30. Marine-Almanach 1900, Pola [1900], S. 283.
40. Franz F. Bilzer, Schiffstypenblatt Nr. 2. In: Marine – Gestern – Heute, 2. Jg., 4. H., Wien 1975, S. 56.
41. Franz F. Bilzer, Schiffstypenblatt Nr. 16. In: Marine – Gestern – Heute, 6. Jg., 2. H., Wien 1979, S. 62f.
42. Theodor Ritter von Winterhalder, Kämpfe in China. Eine Darstellung der Wirren und der Betheiligung von Österreich-Ungarns Seemacht an ihrer Niederwerfung in den Jahren 1900–1901, Wien–Budapest 1902, S. 461. Plaschka, Matrosen – Offiziere – Rebellen, S. 122.
43. Plaschka, Matrosen – Offiziere – Rebellen, S. 91f.
44. Siehe dazu den Bericht Stenners in ÖStA/KA, OK/MS 1900 X-14/5 Nr. 1685.
45. Schusta, Österreich-Ungarn und der Boxeraufstand, S. 78f.
46. Ebda., S. 119.
47. Jahresbericht Kriegsmarine 1901, S. 35ff.
48. Jahresbericht Kriegsmarine 1902, S. 42.
49. Jahresbericht Kriegsmarine 1903, S. 41ff.
50. Jahresbericht Kriegsmarine 1904, S. 16, S. 36f., S. 81.
51. Jahresbericht Kriegsmarine 1905, S. 37ff.
52. Jahresbericht Kriegsmarine 1906, S. 40ff.
53. Jahresbericht Kriegsmarine 1909, S. 43ff.
54. Hans Hugo Sokol, Österreich-Ungarns Seekrieg 1914–18, Wien 1933, S. 77ff.
55. Auszug aus Sir Andrew Cunninghams Biographie. Siehe Lothar Baumgartner, Der Untergang des Kleinen Kreuzers *Zenta* am 16. August 1914. Augenzeugenberichte und Dokumente. In: Marine – Gestern – Heute. Zeitschrift der Arbeitsgemeinschaft für österreichische Marinegeschichte. Nachrichten aus dem Marinewesen, 9. Jg., 4. H., Wien 1982, S. 152.
56. ÖStA/KA, Akten des Militär-Maria-Theresien-Ordenskapitels Nr. 123, Fregattenkapitän Paul Pachner, Gefechtsrelation S. M. S. *Zenta*. In: Nikolaus A. Sifferlinger, Auslaufen verspricht Erfolg. Die Radiotelegraphie der k.u.k. Kriegsmarine, Wien 2000, S. 85 wird der letzte Funkspruch folgendermaßen zitiert: „Werde von 17 feindlichen Schiffen gejagt. *Zenta*. Feuer eröffnet."
57. ÖStA/KA, Akten des Militär-Maria-Theresien-Ordenskapitels Nr. 123, Fregattenkapitän Paul Pachner, Gefechtsrelation S. M. S. *Zenta*.
58. Sokol, Österreich-Ungarns Seekrieg 1914–18, S. 86.
59. Auszug aus Sir Andrew Cunninghams Biographie. Siehe Baumgartner, Der Untergang des Kleinen Kreuzers *Zenta* am 16. August 1914, S. 152.
60. Offizieller Bericht des Flottenkommandos vom 16. August 1914. Siehe Baumgartner, Der Unter-

Bibliographie

Quellen

Österreichisches Staatsarchiv/Kriegsarchiv, Wien

Literatur

ARTILLERIE-UNTERRICHT für die k.u.k. Kriegsmarine. I. Theil, Pola 1903.

Lothar BAUMGARTNER, Der Untergang des Kleinen Kreuzers *Zenta* am 16. August 1914. Augenzeugenberichte und Dokumente. In: Marine – Gestern – Heute. Zeitschrift der Arbeitsgemeinschaft für österreichische Marinegeschichte. Nachrichten aus dem Marinewesen, 9. Jg., 4. H., Wien 1982, S. 152.

Heinrich BAYER von BAYERSBURG, Die k.u.k. Kriegsmarine auf weiter Fahrt (= Österreich-Reihe, Bd. 49/51, Wien 1958).

Franz F. BILZER, Schiffstypenblatt Nr. 2. In: Marine – Gestern – Heute. Zeitschrift der Arbeitsgemeinschaft für österreichische Marinegeschichtliche Nachrichten aus dem Marinewesen, 2. Jg., 4. H., Wien 1975, S. 56.

Franz F. BILZER, Schiffstypenblatt Nr. 5. In: Marine – Gestern – Heute. Zeitschrift der Arbeitsgemeinschaft für österreichische Marinegeschichte. Nachrichten aus dem Marinewesen, 3. Jg., 3. H., Wien 1976, S. 58.

Franz F. BILZER, Schiffstypenblatt Nr. 16. In: Marine – Gestern – Heute. Zeitschrift der Arbeitsgemeinschaft für österreichische Marinegeschichte. Nachrichten aus dem Marinewesen, 6. Jg., 2. H., Wien 1979, S. 62f.

CONWAY'S All the World's Fighting Ships 1860–1905, Greenwich 1979.

Peter FLEMING, Die Belagerung zu Peking. Zur Geschichte des Boxeraufstandes, hg. von Alfred Günther und Till Grupp, Stuttgart 1961 (Originaltitel: The Siege at Peking, o. O. 1959).

René GREGER, Austro-Hungarian Warships of World War I, Letchworth 1976, S. 30.

Lothar HÖBELT, Die Marine. In: Adam Wandruszka – Peter Urbanitsch (Hg.), Die Habsburgermonarchie 1848–1918. Band V: Die bewaffnete Macht, Wien 1987, S. 705–715.

ILLUSTRIRTES Wiener Extrablatt, 29. Jg., Nr. 158, 1900.

JAHRESBERICHTE der k.u.k. Kriegsmarine von 1894 bis 1909.

Die KAISERLICHE MARINE während der Wirren in China 1900–1901, hg. vom Admiralstab der Marine, Berlin 1908.

Gerd KAMINSKI – Else UNTERRIEDER, Von Österreichern und Chinesen (= Berichte des Ludwig-Boltzmann-Institutes für China- und Südostasienforschung, Bd. 13, Wien–München–Zürich 1980).

Gerd KAMINSKI – Else UNTERRIEDER, Wäre ich Chinese, so wäre ich Boxer. Das Leben an der k. und k. Gesandtschaft in Peking in Tagebüchern, Briefen und Dokumenten (= Berichte des Ludwig-Boltzmann-Institutes für China- und Südostasienforschung, Bd. 28, Wien–Zürich 1989).

Gerd KAMINSKI, Die K.u.K. Kriegsmarine in China. In: Militaria Austriaca, 1993/Folge 13, S. 5–45.

Henry KEOWN-BOYD, The Fists of Righteous Harmony. A History of the Boxer Uprising in China in the Year 1900, London 1991.

KIKERIKI, 40. Jg., 1900, Nr. 58, Nr. 62.

Sylvia LESZKOVICH, Die Donaumonarchie und der Boxeraufstand in China, Dipl. Arb., Wien 1991.

Otto LÖFFLER, Die China=Expedition 1900–1901, Berlin 1902.

Jean MABIRE, Blutiger Sommer in Peking. China 1900 – Der Boxeraufstand gegen die „Weißen Teufel“, übersetzt von Grete Steinböck – Alfred Baumgartner, Wien–Berlin o. J. (Originaltitel: L'Eté rouge de Peking, Paris 1978).

MARINE-ALMANACH 1900, Pola [1900].

MARINEWESEN. Studien- bzw. Lehrbehelf für Offiziere und Offiziersschulen des Heeres und der Landwehren, Wien 1912.

Alfred von MÜLLER, Unsere Marine in China, Berlin [1901].

Georg Nye Steiger, China und der Okzident, New Haven 1927.

Richard O'CONNOR, Der Boxeraufstand. Chinas blutige Tragödie, übersetzt von Renate Zeschitz, München 1980 (Originaltitel: The Spirit Soldiers, o. O. 1973).

Richard Georg PLASCHKA, Matrosen – Offiziere – Rebellen. Krisenkonfrontation zur See 1900–1918, Bd. I: Faktoren der Expansion (= Veröffentlichungen des österreichischen Ost- und Südosteuropa-Instituts, Bd. XII, hg. von Richard Georg Plaschka, Wien–Köln–Graz 1984).

Christian ROGGE, Deutsche Seesoldaten bei der Belagerung der Gesandtschaften in Peking im Sommer 1900, Berlin 1902.

Ulrich SCHÖNDORFER, Der österreichische Kriegsschiffbau von 1848 bis 1914. In: Hans Hugo Sokol, Des Kaisers Seemacht. Die k.k. österreichische Kriegsmarine 1848 bis 1914. III. Teil. Abschlußband des Geschichtswerkes der K.u.K. Kriegsmarine, Wien 1980, S. 313–323.

Die SCHRECKEN des Eises und der Finsternis. Österreich und die Arktis. Sonderausstellung im Heeresgeschichtlichen Museum, Wien 1996.

Günter SCHUSTA, Österreich-Ungarn und der Boxeraufstand, phil. Diss., St. Pölten 1967.

Nikolaus A. Sifferlinger, Auslaufen verspricht Erfolg. Die Radiotelegraphie der k.u.k. Kriegsmarine, Wien 2000.

Hans Hugo SOKOL, Österreich-Ungarns Seekrieg 1914–18, Wien 1933.

STAPELLAUF S. M. Schiffes Zenta. In: Mitteilungen aus dem Gebiete des Seewesens. XXV. Band, Pola 1897, S. 803–805.

UNTERRICHT für das 12 cm-Schnellade-Geschütz L/40, S. C/96 in Mittelpivot-Wiegenlafette, Pola 1901.

UNTERRICHT für die 8 mm-Mitrailleuse M/93, Pola 1897.

Theodor Ritter von WINTERHALDER, Kämpfe in China. Eine Darstellung der Wirren und der Betheiligung von Österreich-Ungarns Seemacht an ihrer Niederwerfung in den Jahren 1900–1901, Wien–Budapest 1902.

Carl WÓJCIK, Ursachen und Verlauf der Chinesischen Wirren. Vortrag gehalten am 3. und 10. Jänner 1902 im militär-wissenschaftlichen Verein in Wien, Wien 1902.

The YI HO TUAN MOVEMENT of 1900, Peking 1976.